Reihe *Unterricht im Dialog*
Herausgegeben von Erwin Krottenthaler (Literaturhaus Stuttgart)

Timo Brunke

Praxismaterial:

Wort und Spiel im Unterricht

Für Mund und Ohr: Vom Kommunikationsspaß über Erzählspiele zum Rhapsodischen Sprechen

literatur haus stuttgart

Klett | Kallmeyer

Ich widme diesen Band meiner Sprechlehrerin Heide Mende-Kurz. Sie war es, die mir den Schlüssel zur Erlebniswelt der Laute für meine Arbeit in die Hand gab.

Mein herzlicher Dank geht an Erwin Krottenthaler, den stetigen Ermöglicher, Produzenten, Herausgeber, Veranstalter und Initiator des Literaturpädagogischen Zentrums am Literaturhaus Stuttgart. Er hat diese Stätte des Austauschs, des Experiments und der Vernetzung möglich gemacht. Damit verknüpft sich mein Dank an Ulrike Wörner, Thomas Richhardt, José F. A. Oliver und Tilman Rau für die kollegial-freundschaftlichen Bande, die zugleich Bande des fortwährenden gemeinsamen Entwickelns wurden. Danke, Laura Hornstein vom LpZ-Büro!

Danke an den Friedrich Verlag, das Team um Gabriela Holzmann und an Ursula Flemmer für ihr feines Lektorat!

Danke an Yves Noir für das exklusive Fotomaterial. Ohne seine Kooperation und Profession hätten wir durch die coronabedingten Schulschließungen auf wichtige Bilder verzichten müssen.

Danke an Angelika Brunke, die in unserer Ehe für Gedankenaustausch und Ermunterungen sorgt – auch bei diesem Buchprojekt!

Bibliografische Information der Deutschen Nationalbibliothek
Die Deutsche Nationalbibliothek verzeichnet diese Publikation in der Deutschen Nationalbibliografie; detaillierte bibliografische Daten sind im Internet über http://dnb.d-nb.de abrufbar.

Impressum

Timo Brunke
Praxismaterial: Wort und Spiel im Unterricht
Für Mund und Ohr: Vom Kommunikationsspaß über Erzählspiele zum Rhapsodischen Sprechen
In der Reihe *Unterricht im Dialog*
Herausgegeben von Erwin Krottenthaler

1. Auflage 2020

Redaktion: Ursula Flemmer
Illustrationen: Hendrik Kranenberg
Fotos: Timo Brunke, Yves Noir
Realisation: Sabrina Zimmermann
Druck: Zimmermann Druck + Verlag GmbH, 58802 Balve
Printed in Germany

ISBN: 978-3-7727-1456-6

1 Schreiben ist prima – Sprechen ist Gold!

Der Praxisband, den Sie in Händen halten, hat kein Problem damit, dass er geschrieben wurde. Schreiben ist großartig – aber Sprechen erst! Wollen Sie wissen, wie viel Ermutigung und wie viele Bildungschancen den Ihnen anvertrauten jungen Menschen zwischen den Zähnen schlummern?

Schreiben gehört zu den Uranliegen von Schule. Sprechen hingegen? Ist das Sprechen nicht längst erlernt, wenn die Kinder in die Schule eintreten? Was für ein Spracherwerb ist hier gemeint? Ich unterscheide für die Reichweite dieses Bandes zwischen zwei mündlichen Äußerungsformen: Reden und Sprechen. Reden passiert ständig – Sprechen nicht. Geredet wird den ganzen Tag, aber gesagt wird dann etwas, wenn das Reden ins Sprechen überführt wird. Bietet uns das gesprochene Wort etwas, das wesentlicher wäre als der möglichst rasche, effektive Austausch von Informationen? Gibt es einen Punkt, wo Kommunikation in eine Sphäre des „Etwas-zu-sagen-Habens" übergeht? Kommt es auf diesen Punkt an? Ich meine: „Und wie!"

Lassen Sie mich die These dieses Materialbands von seinem Ende her formulieren: Wer als Kind oder Teenager Gedichte mit innerer Beteiligung zu sprechen anfängt, erwirbt sich ein tiefes Wissen um die Möglichkeiten der Sprache – und das für alle Lebensbereiche. Ich habe es in meiner Arbeit mit Schulklassen regelmäßig erfahren: Kinder und Jugendliche fangen früher oder später innerlich zu leuchten an, wenn sie poetische Sprache mündlich gestalten. Das gesprochene Wort stellt ein unerschöpfliches Reservoir an inneren Bildern und Bewegungen dar. Diesen Schatz an seelischen Besitztümern können die Kinder und Jugendlichen „mit dem Mund" für sich erschließen – für ihren ganz persönlichen sprachlichen Bildungsprozess.

1.1 Die Welt der Sprache als eine Welt der inneren Bilder

Während die uns umgebenden (Medien-)Welten mit optischen äußeren Bildern aufwarten, baut die Sprache selbst auf den kollektiven und individuellen Schatz innerer Bilder, wie er sich langsam im Lauf von Jahren persönlich anreichert – oder in Gruppen, Sprach- und Kulturgemeinschaften über Jahrhunderte gewachsen ist. Diese inneren Bilder liegen uns auch in Träumen und Fantasien vor. Sobald ein Mensch sich künstlerisch betätigt, macht er diese Bezirke seines Fühlens und Denkens mitteilbar. Auch die Sprache fördert Vorstellungen ans Licht des Bewusstseins und macht sie vermittelbar. Wenn ich „inneres Bild"

Abb. 1: Nicht nur die Frucht – auch das Wort „Pfirsich" hat Geschmack.

sage, so meine ich damit längst nicht nur optische Imaginationen. Zum Beispiel schwingen in meinen Erinnerungen, wenn ich an das Wort „Pfirsich" denke, vage Ahnungen von einem bestimmten Geruch, einem Geschmack, einem Tastgefühl mit. Über Jahrhunderte haben sich die Wörter gebildet und umgebildet – und sind im Grunde kleine lautmusikalische Kunstwerke – ein jedes Wort für sich.

Sagen Sie sich bitte nur einmal das Wort „Pfirsich" auf. Geht es Ihnen nicht auch so: Es tut sich eine breite Palette an Erinnerungen, Assoziationen und Ahnungen auf. Das Wort „Pfirsich" funktioniert dabei nicht wie ein Code, der einen Raum eröffnet, in dem die darin befindlichen Imaginationen zu finden wären. Vielmehr wirkt das Wort bereits ganz vordergründig und materiell: Das Wort „Pfirsich" z. B. hat sechs verschiedene Laute und einen typisch „trochäischen" Zweierrhythmus – und beide zusammen erzeugen einen Sound und einen (Im-)Puls und erwecken diese inneren Vorstellungen von „Pfirsich" zu innerem Leben.

Dieser Wortmagie erlagen wir alle, Sie, Ihre Schülerinnen und Schüler, wie ich auch. Als wir Säuglinge waren, wurden wir von diesem Zauber voll erfasst. Wir hingen an den Lippen unserer Eltern und anderer lieber Mitmenschen, die uns vorsprachen, Wort für Wort, Satz für Satz. Wir hörten uns ein und lallten, blubberten, gacksten nach, was diese uns vorsagten. Unsere ersten eigenen Wortkreationen berauschten uns: Wir konnten mitreden! Von dieser Sprachmusik erfüllt und betört, lernten wir reden und sprechen. Ja, wir fingen an zu kommunizieren – und wir begannen, mit der Sprache zu spielen, mit ihr zu musizieren.

Wenig später wurden Abzählreime und Kindergartenverse eine hochwillkommene geistige Nahrung für uns. Wie oft mussten wir lachen über diese Sprache, die voller Witz für uns war, voller Überraschungen und darum auch voller Komik. Die vielen Normen unserer Muttersprache hätten wir ohne dieses riesige Vergnügen an der Materie niemals erlernt!

Und dann kamen wir in die Schule. Und lernten, dass Schreiben ab jetzt wichtiger sei. Schriftliche Leistungen sind im Schulwesen und überhaupt unverzichtbar. Aber um sich im Haus der Sprache so richtig wohl zu fühlen, benötigen Menschen zunächst ein produktives Verhältnis zur eigenen Mündlichkeit. Wir sollten die Chancen nutzen, die sich durch das gesprochene Wort geradezu aufdrängen: dem Schreiben über das gestaltende und – im Falle dieser Methodik – über das rhapsodische Sprechen eine Brücke zu bauen.

Ich habe viele Schülerinnen und Schüler, die in ihren Familien sprachlich wenig gefördert wurden, kennengelernt, habe ihnen gelauscht und sie als junge Sprecherinnen und Sprecher fremder wie eigener Texte bei Proben auf die Bühne begleitet. Dabei fiel mir auf: Diese Kinder und Jugendlichen begannen stets nach einer gewissen Anzahl an Proben, von innen heraus zu strahlen. Sie wurden durch das gestaltende Sprechen – sowohl von Fremdtexten als auch von selbst geschriebenen Passagen – und durch die öffentliche Situation der Bühne an einen Punkt gebracht, an dem sie sich mit ihrem eigenen sprachlichen Ausdruck in der deutschen Sprache anfreunden, versöhnen konnten. Sie erfuhren sich als kompetent, als wirksame Beiträger zu einem sprachlichen Gesamtkunstwerk. Ihnen widerfuhr ein Erfolgserlebnis, das sie nicht erwartet hätten.

Natürlich macht jeder Mensch unzählige Male am Tag den Mund auf, um zu kommunizieren. Aber diese Art gestaltenden Sprechens darf und kann damit nicht verwechselt werden: Es schlummert etwas Verborgenes in der Gestaltungskraft des gesprochenen Wortes, ein Keim für Entwicklung. Das gesprochene Wort vermag auf eine Weise, die wissenschaftlich wohl noch gar nicht erforscht ist, einen jungen Menschen mit Informationen über sich selbst zu versorgen. Rückmeldungen, die dazu beitragen, die heranwachsende Sprecherin, den jugendlichen Sprecher dieser Worte in ein produktives Verhältnis zur Außenwelt zu bringen.

1.2 Gestaltendes Sprechen strukturiert üben

Verschaffen Sie sich einen Überblick über meine Inhalte und meine Methodik: Die Übungsteile dieses Bandes (Kapitel 2–4) bieten jeweils eine Auswahl unterschiedlicher motivierender Spiele. Sie müssen nicht alle durchgeführt werden. Aber da die Teile aufeinander aufbauen, ist es sinnvoll, dass die Schülerinnen und Schüler im jeweiligen Teil schon eine gewisse Sicherheit aufgebaut haben, bevor sie die Spiele des nächsten Teils in Angriff nehmen.

1.2.1 Kommunikationsspäße

Vielleicht verblüfft Sie das, aber wir starten mit aufschneiderischem Seemannsgarn und gar nicht so „pädagogisch wertvoll" erscheinenden Sprechakten wie dem „Prahlen", dem voreiligen „Verunglimpfen" erfundener Personen usw. In diesen Anfangsspielen wollen wir bewusst ausleben, was sich so häufig vor ein tieferes sprachliches Erleben stellt, nämlich Egozentrik, Dumpfheit, Verpeiltheit etc. Wir gehen produktiv mit diesen Verhaltensweisen um. Das heißt, wir machen den Wortwust des zwischenmenschlichen Alltags für unser Curriculum fruchtbar. Denn so nebensächlich, selbstverständlich oder gar unwichtig die Themen und Absichten dieser Alltagsgespräche oft sein mögen – sie machen einen Löwenanteil unserer täglichen Rederoutinen aus. Wenn wir sie in die Sphäre des Spiels erheben, verwandeln wir ebendiese Alltagssprache – und uns auch. Wie? Indem wir unsere Sinne für das Alltagssprechen verfeinern, das Ohr schärfen, und nicht zuletzt: indem wir im Spiel alternative Lösungen erkunden und das Spektrum individuellen (Gruppen-)Verhaltens erweitern – und das alles auch noch mit Lust und Laune; eben weil all das im Modus des Spiels geschieht.

In den ersten Spielen von Sp 1 – Sp 13 (Kapitel 2) wird selten etwas gesagt – dafür viel geredet. Wir tun dort so, als müssten wir uns gegenseitig ständig übertrumpfen oder als würden wir miteinander um riesige Geldsummen feilschen. Wir flunkern, prahlen, unken und schleimen. Dies ist kein Widerspruch, sondern der bewusst gewählte Einstieg. Denn dieses Spielen mit flüchtig übergestreiften Rollen gibt unserem Wortemachen Weite und Flexibilität.

Was soll daran pädagogisch wertvoll sein, so leicht daherzureden? Ich habe die Erfahrung gemacht: Ein Kind kann voller Ideen sein, aber wenn sie ihm nicht über die Lippen kommen, so hat es im Unterricht nicht viel davon. Der Mund muss bei manchen Kindern und Jugendlichen mit den Ideen erst einmal „kurzgeschlossen werden". Also blubbern wir zunächst – bevor wir dann vollmundig Kontakt zu unserem Sprechen aufbauen.

In einigen der hier versammelten und hierfür geschriebenen Sprachspiele wird Pfiffigkeit explizit belohnt. Vor allem in einigen Spielen des zweiten Kapitels werden solche überraschenden Beiträge herausgefordert. Mir liegt im Sinne eines integrativen Sprachunterrichts viel an diesem Pfiff. Und ich möchte Sie dazu ermutigen, etwaige „Regelverstöße" im Verlauf des einen oder anderen Spiels nicht von vornherein als ein Spiel-Verderben anzusehen, sondern als eine kreative Beteiligung, die zu würdigen wäre – wenn sie denn Witz hat.

1.2.2 Sprech- und Erzählspiele

Substanzielles Sprechen beginnt dort, wo sich die inneren Bilder in unser Sprechen mischen. Dort, wo das „Reden" durch eine immer wieder besonders geartete Bildhaftigkeit bzw. durch Klang und Rhythmus zum „Sprechen" wird. Spätestens, wenn Ihre Klasse in Kapitel 4 mit großen, kostbaren Gedichten schöpferisch umgehen wird, wird sich diese Erfahrung substanziellen Sprechens einstellen.

Im Kapitel 3 mit den Übungen Sp 14–Sp 26 vertiefen wir zuvor das Reden zum Sprechen, indem wir den Anteil an inneren Bildern gegenüber unserem Alltagssprachgebrauch erhöhen. Dies geschieht, wenn wir eine überraschende Erfahrung machen: nämlich dass schon die kleinsten Elemente unserer Wörter, die Laute, bildhafte Qualitäten haben.

Diese Erfahrung verdanke ich meiner Sprechlehrerin Heide Mende-Kurz: die Erkenntnis, dass jeder Laut einer Sprache auf vielfältige Weise gesprochen werden kann. Ein „R" rollt bekanntermaßen durch den Mundraum. Aber es macht Spaß und schult das Ohr ungemein herauszufinden, auf welche verschiedenen Weisen ein „R" rollen kann, um ein Wort bildkräftig zu machen. Rollt es kräftig oder zart, geräuschhaft oder „fast maschinell" ...? Verbinden sich die Laute dann zu Silben und gehen mehrere Silben rhythmische Verhältnisse zueinander ein, so werden die aufgerufenen, inneren Bilder immer zahlreicher, je mehr Laute und Silben Wörter und Rhythmen erzeugen.

1.2.3 Rhapsodisches Sprechen

Im vierten Kapitel (Sp 27–Sp 39) dann treiben wir Kunst. Wir rezitieren und deklamieren Gedichte. Die Redeanteile verschwinden zugunsten des literarischen Sprechens. Aber ist solch ein künstlerisches Sprechen denn nicht auch ein Spiel mit der Täuschung?

Indem sie den Raum zur Kunst aufschließen, schließen die Sprechenden mit den Zuhörenden eine Art „Fiktionsvertrag", wie es Ulf Abraham 2020 bei einem Vortrag nannte und wie folgt erläuterte: Die versammelten Menschen kommen z. B. stillschweigend darin überein: „Wir wissen, dass Henrik den Panther, den Rilke bedichtet hat, nicht in echt gesehen hat, aber wir lassen uns dennoch voll und ganz auf diese Abmachung ein. Denn wir ahnen: So wirklichkeitsnah wie in Rilkes Versen kann uns ein echter Panther im echten Zoo kaum werden."

Poesie benennt im Raum des „Als ob" die Dinge unserer Wirklichkeit verbindlicher als jeder einfach so dahingesagte Satz. Es ist dabei zweitrangig, ob der poetische Text selbst hergestellt wurde oder bereits überliefert vorlag. Im Akt des poetischen Sprechens erlangen die Worte höchste Verbindlichkeit. Wer hier zuhört, ist aufgefordert, genau zu lauschen: Ist es glaubhaft, was ich höre? Ist das Gesprochene zwar Fiktion, aber glaubhaft auf einer anderen Ebene? Gerade weil das Gesagte ein Stück Literatur darstellt: Spüre ich vonseiten dessen, der da spricht, eine glaubwürdige Energie auf mich zufließen?

Halten wir fest: Verbindliches, substanzielles Sprechen lebt von den inneren Bildern der Sprache, die im Als-ob-Raum des Spiels und der Kunst „für wahr" genommen und dadurch bedeutsam werden können.

Mit den Übungen und Mutproben des vierten Kapitels berühren wir zugleich ein Geheimnis gelingender Kommunikation: Es geht um die geteilte Zeit des Sprechers mit einem Empfänger oder einem Publikum. Diese geteilte Zeit möchte ich, etwas mystisch ausgedrückt, eine „atmende Verstehenssphäre" nennen. Sie zu gestalten ist eine der höchsten Aufgaben, die sich ein Deutschunterricht geben kann.

1.3 Rhapsodische Sprechlust für kulturellen Spracherwerb

Was verstehen Sie, verehrte Leserin, verehrter Leser, unter dem Beiwort „rhapsodisch"? Braucht es im Bereich des Sprachunterrichts überhaupt einen solchen neuen Begriff? Ich gehe seit dem Beginn meines Wegs als freischaffender Wortkünstler dieser eher verborgenen Sprachspur, „dem Rhapsodischen", nach. Damit umkreise ich so elementare Aspekte wie Mündlichkeit, Improvisation, Geselligkeit, Überlieferung, Klang, Rhythmus und Performance. Mich interessiert diese Sphäre seit über zwanzig Jahren sowohl aus künstlerischen wie aus pädagogischen Gründen. Ich möchte kurz skizzieren, was ich daran so spannend finde.

Werden Texte für den Druck oder für das Netz geschrieben, so können sie ab dem Zeitpunkt ihrer Veröffentlichung über einen längeren oder kürzeren Zeitraum hinweg lesend wahrgenommen werden. Jedenfalls haben „schriftliche Texte" mit ihrer Publikation in gedruckter oder medialer Form ihr Ziel erreicht. Anders ist das mit rhapsodischen Texten. Zwar entstehen diese sowohl mündlich als auch schriftlich. Aber ein grundsätzliches Merkmal unterscheidet sie von anderen Texten: Sie zielen auf einen akustischen, öffentlichen Moment in Raum und Zeit! Rhapsodische Worte werden für den Moment geschrieben, improvisiert, gesprochen, um in diesem Moment die Sprache zum Blühen zu bringen. Sind sie aber für den Moment verfasst, dann sind sie als Text nicht autark, sondern verfasst für etwas außerhalb ihrer selbst, nämlich für den Ort, den Raum, die Zeit, die Situation, für Ohren, Münder und Synapsen.

Für Rhapsodinnen und Rhapsoden dient Sprache einem Geschehen – oder vielmehr: Sprache wird durch ihren rhapsodischen Gebrauch ein solches Ereignis. Rhapsodische Worte werden für den Moment gesprochen, geschrieben, erfunden. Schriftsteller und Literaten schreiben Bücher, Texte. Rhapsodinnen und rhapsodische Autoren schreiben, erfinden, improvisieren, reimen, um im Moment der Aufführung die Sprache zum Blühen, zum Singen zu bringen.

Geschriebene Texte können auf geduldigem Papier mehrmals gelesen werden. Ganz im Unterschied dazu setzen sich die mündlich vorgetragenen Texte in der jeweiligen Situation mit allem, was sie sind, aufs Spiel: Werden sie verstanden – oder nicht? Die Komplexität eines spezifisch literarischen Textes wird immer eine andere – vielleicht höhere – sein. Demgegenüber kann ein rhapsodischer Text auf dem Papier mitunter redundant aussehen. Das muss aber noch nichts über seine Qualität aussagen. Denn: Rhapsodische Texte sind Live-Texte.

Sie gehören historisch gesehen zwei unterschiedlichen Zeitaltern an. Zum einen war mündliche Poesie und Epik vor dem Aufkommen der Schriftkultur die vorrangige Darbietungsform für Literatur generell. Zum anderen zähle ich eine vergleichsweise junge Literatur dazu. Seit den Beat-Poeten der 1960er-Jahre und seitdem Spoken Word und Poetry Slam sich in den 1980er-Jahren von den USA aus verbreiteten, entstand eine neue orale Poesie – urban, individuell, performativ und musikaffin.

Rhapsodische Literatur – oder wie ich sie gern nenne „Lauteratur" – geht, wie die Musik, von einer Steigerung des Moments aus. Sie will, dass das Leben intensiviert werde durch die Sprache. Das bedeutet, dass die Sprache vergegenwärtigend wirken will. Mit dieser Gegenwart ist eine körperliche Präsenz gemeint. Die Rhapsodin ist eine Zeigende, eine Verkörpernde: Die Dinge, die genannt werden, sind sprachlich verkörperte Dinge. Hinter diesem Verkörpern-Wollen steckt die Auffassung, dass das gesprochene, erzählte Wort mit seinen Sounds, seinen Rhythmen, seinen Lauten, eine lebensintensivierende Kraft und Energie besitzt, die sich im Akt des Erzählens und des feiernden Sprechens wiederum freisetzen lässt.

Die Autorinnen und Autoren des Spoken Word schreiben ihre Texte mehrheitlich auf, bevor sie sie zur Aufführung bringen. Und hier sehe ich das große Potenzial für den Deutschunterricht: Weil rhapsodisches Dichten sowohl mündlich als auch schriftlich geschieht und weil im rhapsodischen Kunstbereich die Grenzen zwischen Autorin, Erzähler, Rezitatorin, Überlieferer und Hörerschaft fließend sind, eignet sich die rhapsodische Methodik als Übungsraum auch für Gruppen und Klassen mit unterschiedlichen Bildungsvoraussetzungen.

Der eigene Körper spielt beim rhapsodischen Arbeiten eine zentrale Rolle. Er gilt hier als das Medium des gesprochenen Worts, vom ersten Einfall zu einem Text und von der ersten Sprechübung bis zur öffentlichen Darbietung.

Fußball liebende Jungs und Mädchen, bewegungsfreudige Tänzerinnen und Tänzer und Menschen aller möglichen Interessenslagen können sich über die Lust an der Bewegung auf diesen sprachlichen Lernweg begeben. Denn mit dem vollmundigen Spracherwerb ist es wie mit der Gymnastik: Er fordert den Menschen ganz, von Kopf bis Fuß. Es geht um den inneren Anschluss eines gesprochenen Wortes an seinen Sprecher, an seine Sprecherin. Was nützte es, wenn Ihre Schülerinnen und Schüler die kostbaren Texte irgendwie aufsagten?

Rhapsodisch zu sprechen heißt so viel wie „von innen heraus", „persönlich bedeutsam" zu kommunizieren. Das Ideal dieses Sprechens liegt nicht in der Korrektheit und in der lexikalischen Klarheit, sondern in der persönlichen Färbung und Gestaltung dieser Mündlichkeiten. Der ganze Mensch spricht, er wird eine Person. Was ihm auf seiner Reise zur entwickelten Persönlichkeit alles leibhaftig, gratis und von Natur aus zur Verfügung steht – das möchte ich mit Ihnen auf den folgenden Seiten erkunden!

1.4 Auf sprechenden Wegen ins Schreiben gelangen

Mit dieser Handreichung für schöpferisches Sprechen werden Sie gerade auch auf dem Gebiet des Schreibens letztendlich Erfolge für Ihre Schülerinnen und Schüler anbahnen. Wie meine ich das?

Alles beginnt mit Bewegung und damit, sich überhaupt zu regen und zu rühren. So schlicht dieser Ansatz klingt, so gern wird er auch übersehen. Sprache fördern bedeutet – und das schließt die Schreibanbahnung ein –, zunächst einmal den Mund zu bewegen, und zwar willkürlich und nicht „einfach so". Es macht einen Unterschied, ob Ihre Klasse in der Pause redet und redet, während des Unterrichts tuschelt – oder ob dieses Reden durch ein Spiel in den Mittelpunkt des Interesses rückt.

Auch im Rahmen eines Spiels aus diesem Band reden Marvin und Cecilia munter aus sich heraus, aber sie beachten dabei die Spielregeln und bewegen ihren Mund in einer gesteigerten Art und Weise. Sie reden bewusst, sie bewegen ihren Mund absichtlich. Mit dieser Bewegungsqualität beginnt meiner Ansicht nach die Sprachförderung. Die zu schwingenden Reden der Spiele in Kapitel 2 schaffen Räume für Selbstwirksamkeit, Interaktion und Dialog.

Sich in diesen Räumen mit Spaß zu bewegen, wird Ihre Schülerinnen und Schüler dazu motivieren, auch die Übungen und Spiele in Kapitel 3 aktiv anzugehen. Der Bewegungsimpuls springt, wenn sie sich als Sprecherinnen und Sprecher persönlich bedeutsamer Verse erfahren, auf das Lesen und Schreiben über. Die Münder wurden wach, evozierten die inneren Bilder der Sprache. Solchermaßen aktiviert treten Auge und Hand motivierter an ein bedrucktes oder leeres Blatt Papier heran als ohne diese sprecherischen Erfahrungen.

1.5 Klassenzimmer-Arrangements

Es lohnt sich, für die rhapsodische Spracharbeit das Klassenzimmer so umzugestalten, dass sechs verschiedene Spiel- und Übungsarrangements darin möglich sind. Bauen Sie gemeinsam mit Ihren Schülerinnen und Schülern das Klassenzimmer in ein Sprachbildungsstudio um – ohne Mehrkosten, dafür mit Mehrgewinn.

- Jacken und Pullis verbleiben grundsätzlich an der Garderobe außerhalb des Raumes.
- Alle Tische werden an die Wände des Raumes gerückt. Kein Tisch darf den Zugang zu Waschbecken, Papierkorb oder Fenstergriffen behindern.
- Das Lehrpult wird wie ein Schülertisch behandelt und ebenfalls in das Rechteck der umlaufenden Tische integriert.
- Die Stühle werden so an die Tische verteilt, dass jedes Mädchen, jeder Junge zur Wand hin bzw. zum Fenster hinausschaut.
- Jede Teilnehmerin, jeder Mitmachende hat Anrecht auf einen geräumigen halben Tisch für die persönlichen Schreibphasen.
- Jede Schülerin ergreift Besitz von ihrer Tischhälfte, legt dort Schreibzeug bereit für etwaige Notizen.

Sozialformwechsel sind eine feine Sache: Macht sich Ermüdung oder Unruhe in der Klasse breit, ändern Sie das Arrangement im Raum – und schon können sich die Schüler neu auf etwas einlassen. Bei jedem Spiel in den Übungsteilen habe ich vermerkt, für welches der sechs folgenden Arrangements die Aktionen gedacht sind.

1.5.1 Der Cypher

Abb. 2: Idealerweise wird der Kreis möglichst luftig bestuhlt.

Unter einem Cypher versteht die Hiphop-Szene einen hochpartizipativen Mitmachkreis, in den sich jede, jeder hineintrauen darf, um für eine gewisse Zeit im Zentrum des wohlwollenden Interesses der anderen zu stehen. In einem Cypher stellt sich nie die Frage, ob ein Mensch mitmachen will, kann oder muss. Vielmehr bedeutet, einen Cypher zu beginnen, immer, gemeinsam Energie auszuschütten. Jeder Beitrag ist willkommen, sofern er mit dem momentanen Anliegen des Cyphers zu tun hat.

Also, nichts einfacher als das: Die Schülerinnen und Schüler nehmen ihren Stuhl und finden sich zu einem möglichst geräumigen Stuhlkreis zusammen – der Cypher kann beginnen.

1.5.2 Rückenkino

Abb. 3: Der einzelne Stuhl in der letzten Reihe ist der Platz für die Vorsprechenden.

Die Schülerinnen und Schüler stellen Stuhlreihen mit etwa sechs Stühlen pro Reihe. Die Stühle sind idealerweise zum Fenster hin ausgerichtet. In der letzten Reihe steht nur ein einzelner Stuhl in der Mitte. Das ist der „Sitz des Filmvorführers". Anstelle von Kinofilmen projiziert die Schülerin, die hier Platz nimmt, ihren Satz oder ihr Wort in den Raum, d. h., sie wirft ihre inneren Bilder in Form von Worten auf die Leinwand der Imagination eines jeden Mitschülers, einer jeden Mitschülerin. Das Rückenkino dient dazu, ganz Ohr zu sein, um in voller Konzentration auf bestimmte Sprechimpulse reagieren zu können.

1.5.3 Tisch für Tisch

Abb. 4: Die Tische stehen entlang der Wände.

Die Schüler setzen sich an ihre Tischhälfte. Alles ist zur Wand bzw. zum Fenster hin ausgerichtet. Insbesondere wenn Ihre Klasse sich mit den Spielen des Übungsteils „Rhapsodisches Sprechen" beschäftigt, bietet sich dieses Arrangement an. In dieser Anordnung können Ihre Schülerinnen über ihre ausgesuchten Gedichttexte nachdenken, murmeln und schreiben. Sich von der Klasse abzuwenden, bietet den meisten Kindern und Jugendlichen die wohltuende Gelegenheit, sich aus der Beachtung der ganzen Klassengemeinschaft vorübergehend ausklinken zu können.

1.5.4 Bistro Blanke Platte

Abb. 5: Die freien Tischflächen: Raum für Ideen …

Lassen Sie hierfür die Tische im Raum nach Art der Bestuhlung in einem Bistro verteilen. Die Schülerinnen und Schüler setzen sich einander gegenüber an diese Tische, zu zweit bis zu fünft, je nach Anlass.

Jeder Tisch muss komplett leer sein, damit die leere Tischplatte einen imaginären Raum im Denken oder Fühlen der Mitspielerinnen erzeugen kann. Die „Blanke Platte" spielt zudem auf die blanke Festplatte an, die wir mit unserem Geist zur Verfügung stellen wollen. Wenn jede und jeder ein inneres Bild sprachlich beisteuern soll, müssen die Erwartungen an die einzelnen Beiträge gänzlich zurückgeschraubt sein. Nichts soll die Mitschülerinnen und Mitschüler daran hindern, sich hier zu äußern. Dementsprechend sind die Vorschläge im „Bistro Blanke Platte" nicht so energetisch wie während des Cyphers. Angebote, Impulse und Flachsereien können kammermusikalischer gewechselt werden.

1.5.5 Bistro Leere Luft

Abb. 6: Hier ist ungehemmtes Reden ausdrücklich erwünscht.

Diese Raumnutzung braucht kleine Stuhlkreise, verzichtet aber auf den Tisch in der Mitte. Hier trennt die Schülerinnen und Schüler nichts voneinander. Sie können nach Herzenslust ins Reden, ins Quasseln geraten. Während der leere Tisch im „Bistro Blanke Platte" eine imaginative Mitte schafft, um die das Gespräch zirkuliert, schöpfen die Spielerinnen und Spieler im „Bistro Leere Luft" noch unmittelbarer aus ihrer momentanen Verfasstheit, ihrer körperlichen Haltung.

1.5.6 Zimmerbühne

Abb. 7: Bühne frei für das gesprochene Wort!

Wenn Sie im Lauf dieses Curriculums an den Punkt gelangen, dass Ihre Schülerinnen und Schüler Gedichte mit sich herumtragen, als seien es Displays, auf die man immer wieder gucken muss, kommt der Zeitpunkt, an dem Sie die Tische im Klassenzimmer an die Wand rücken und aufeinanderstapeln sollten. So wird genügend Fläche frei, um Stühle wie im Theater üblich zu stellen, mit einem Mittelgang zum Hindurchschreiten und mit einer Bühnen- oder Vortragszone vor der Tafel. Dann verwandelt sich das Klassenzimmer in ein Klassenzimmertheater – zu Probe-, Rückmeldungs- oder Aufführungszwecken. Nur wenn das Lehrerpult von seinem traditionellen Platz entfernt wird, entsteht vor der Tafel die gewünschte Bewegungsfreiheit einer echten Bühne.

Hat Ihr Klassenzimmer einen Beamer fest vor einem Whiteboard installiert, dann bitten Sie den Hausmeister darum, diesen anders anzubringen bzw. umzuhängen.

1.6 Spielzeug und Ausrüstung

Der Zücksack (s. Abb. 8) ist ein Beutel mit Krimskrams, der in Ihrem Klassenzimmer einen festen Platz bekommen sollte. Aus diesem Beutel, gefüllt mit Comic-Gummifiguren, ausrangierten Haushaltsgegenständen, Werkzeugteilen, sauberen medizinischen Kleinteilen, Überresten einer Flohmarkt-Stöberkiste u. v. a. lassen sich einige Spiele initiieren. Motivierend für die Klasse wirkt es sich aus, wenn jede und jeder von zu Hause eine Handvoll Dinge mitbringt, die dann den gemeinsamen Fundus im Zücksack abgeben.

Abb. 8: Der Zücksack enthüllt nur für dieses Foto seine Schätze.

Für die Arbeit in Kleingruppen legen Sie sich am besten ein Dutzend kleiner Extrasäckchen zurecht. So können Sie den Inhalt des Zücksacks für die Kleingruppenphase geschickt verteilen.

Ich kann Ihnen nur empfehlen, mit Ihrer Klasse Höraufnahmen aufzunehmen und nach und nach gemeinsam eine Audiothek aufzubauen. Klären Sie die rechtliche Lage, was die Speicherung der Stimmen anbelangt – und dann viel Spaß beim gemeinsamen Mitschneiden und Anhören der stattgefunden Spiel- und Erzählsausen! Unter uns: Sie steigern damit von selbst den Trainingseffekt.

Es wird Sie nicht verwundern, dass ich das Smartphone in meinen Werkstätten gern verwende – als günstigen, praktikablen Rekorder für die mündlichen literarischen Produkte der Teilnehmenden. Auf einem Foto-Stativ angebracht und in die Mitte des Raumes gestellt, entsteht eine produktive Mitte für Sprechaufnahmen. Die Tatsache einer laufenden Aufnahme hilft, Ernsthaftigkeit zu erzeugen.

Ein Stativ nimmt Ihnen die Mühe und Ihren Schülerinnen und Schülern die Irritation ab, das Gerät ständig jemandem vor die Nase zu halten.

Ich habe keine Erklärung dafür. Aber Jugendliche haben zu Aufnahmegeräten – es mögen Audiorekorder oder Videokameras sein – nicht selten ein natürlicheres Verhältnis als zu einen Publikum aus Fleisch und Blut. Ich würde denjenigen, die am Anfang der sprecherischen Praxis noch damit hadern, so explizit zu Gehör zu kommen, dadurch eine Brücke bauen, dass sie mehrere Male Audioaufnahmen von sich generieren und abhören können. So verlieren sie die Scheu vor dem Sprechen vor Publikum.

Abb. 9: Das Stativ mit dem Aufnahmegerät fokussiert die Beitragenden.

B

Bevor es losgeht – Ihre Haltung ist gefragt

Bei allen folgenden Spielen und Übungen gehe ich davon aus, dass Sie als die anleitende Person viele praktische Beispiele liefern.
Ihr spielendes Vorbild wird die Klasse animieren, über den eigenen Schatten zu springen. Bemühen Sie sich nicht – seien Sie einfach verspielt! Zeigen Sie durch Ihre aktive, werbende Haltung und durch Ihre Beispiele bei der Spieleinführung, dass Sie hinter der Übung stehen, dass das Spiel, um das es geht, Freude oder ein gutes Selbstwertgefühl vermittelt. Verlangen Sie umgekehrt keine Aktivitäten von Ihrer Klasse, die Sie nicht selbst vorleben. Initiieren Sie auf keinen Fall ein Spiel, während Sie hinter Ihrem Pult sitzen. Zeigen Sie, dass Sie den Mut haben, auch einmal ohne Idee dazustehen. Anders ausgedrückt: Verführen Sie Ihre Klasse dazu, „ganz da" zu sein.

2 Kommunikationsspäße

Du sollst nicht langweilen.

Billy Wilder

Die Kommunikationsspäße in diesem Band flunkern allesamt. Sie kommen zwar realistisch daher, nehmen es allerdings mit der Wahrheit nicht genau. Das verleiht ihnen Leichtigkeit und Unverbindlichkeit. Am Ende bleiben wir belustigt zurück. Der Spaß endet mit der Erkenntnis: Wir haben gelacht, das war gut, aber das Wort wog nicht viel darin. Das „Doch, doch!" des Sprechers kann daran nichts ändern. Warum wird hier so viel Dampf erzeugt?

- Erstens ist das Spiel mit dem Schwindel erlaubt und erwünscht. Wie viele Brettspiele handeln etwa von überfallenen Eisenbahnzügen, getöteten Drachen oder geraubtem Vermögen? Spiele haben ihren Wert als Fantasieübung und als Experiment.
- Zweitens, und das ist am wichtigsten, lösen diese Spiele die Zunge. Auch diejenigen, die nicht so gern von sich reden machen, werden in einer solchen flapsigen Spielrunde dazu ermuntert, aus sich herauszugehen, mit Absichten und Haltungen zu experimentieren. Es stillt ein tief sitzendes Bedürfnis bei allen Schülerinnen und Schülern, sich im Reden angstfrei als selbstwirksam zu erleben. Und die Spielregeln sorgen dafür, dass auch gut zugehört wird.
- Drittens: In so gut wie jeder Klasse gibt es soziale Spannungen, Konflikte, Dramen. Mit diesen Spielen können Sprechakte im Raum des „Als ob" so ausgeübt werden, dass niemand Schaden nimmt. Über die Wirkungen der gefallenen, aber nie „so gemeinten" Sätze können Sie sich im Anschluss leicht austauschen. So helfen diese Sprechakt-Spiele, soziale Realitäten zu bewältigen.

Wenn Ihre Klasse diese Spiele zu spielen gewohnt ist, werden Ihre Schülerinnen und Schüler für das substanzielle, künstlerische Wortemachen – das Rhapsodische Sprechen – bereit sein. Einfach weil bei ihnen die vielen vorgelagerten Sprechbedürfnisse befriedigt worden sind, von Spiel zu Spiel zu Spiel. Junge Menschen müssen sich aneinander reiben. Sie als Lehrerin, als Lehrer haben es in der Hand, diese Prozesse im Spiel zu transzendieren, produktiv zu machen – und für die wesentlichen Inhalte vorzubereiten.

Sp 1

2.1 „Hähähää ...!"

Wer kennt nicht die Situation, wenn ein Mitglied in einer versammelten Gruppe plötzlich einen Laut

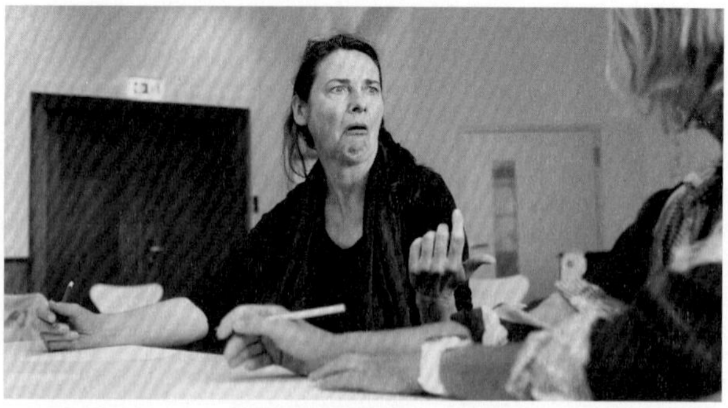

Abb. 10: „Was war denn *das* jetzt eben für eine Äußerung?!"

von sich gibt, losprustet, kichert oder poltert? Solche „halbsprachlichen Äußerungen" blubbern gern mal aus uns heraus wie heiße Gasblasen aus einem isländischen Geysirtopf. Je lustiger es zugeht, desto leichter erschallen sie. Die Stimme gibt eine momentane Stimmung kund, eine Reaktion auf etwas Gehörtes, Erzähltes. Für solche „phonischen Gesten" werden in diesem Spiel Namen gefunden.

Das Spiel taugt auch als kleine Anti-Mobbing-Übung, denn ein solcher Pruster kann durchaus den Charakter einer kommunikativen Attacke annehmen. Wer aber den Pruster im selben Moment zu benennen und herzuleiten weiß, kann leichter entlarven und öffentlich machen, „was hier läuft". Auch die Selbstbeobachtung ist gefordert: „Oops, was blubbert denn da aus mir heraus – ist das jetzt Mitläufertum, Doofheit oder Unbedachtheit?" Der Umgang mit Benennungen für solche Stimmsignale will gelernt sein. Mal sehen, was es da alles geben könnte: ein mit Brustton intoniertes „Ahá!" – ein hinter vorgehaltener Hand gefeixtes „Ähmmmm, hahahahahaa!", ein durch die Zähne gezischeltes „B'schschsch...!" oder ein irgendwie unehrlich herausgelassenes „Tja!"? Solche Töne sind schwer zu verschriftlichen. Aber Ihre Schülerinnen und Schüler werden darin sicherlich sehr kreativ sein.

Eine gute Gelegenheit, den aktiven Wortschatz zu trainieren, bietet sich hier, wenn es zudem gilt, die Motive oder Gründe aufzulisten, weshalb ein Mitmensch plötzlich so ein „Hähähä!", ein „Hihihi!" von sich gibt. Geschah es etwa aus Angst, Scham, Scheu, Überheblichkeit, Spott, Hohn, Dummheit, Gedankenlosigkeit, Niedertracht, Gemeinheit, Arroganz, Bosheit, Verlegenheit, Täuschungsabsicht usw.? Die Liste könnte beliebig verlängert werden.

Wie kommen die Schülerinnen und Schüler zu solchen Äußerungen? Indem sie sich zu dritt zusammentun, sich bewegen, indem sie einander u. a. pieksen, veräppeln, täuschen, „dumm von der Seite anmachen".

ELIONA: „*Hähähää!*"
MARISA: „*Derber Brustlacher.*"
LUZIE: „*Aus Spott, aus Schadenfreude.*"

LUZIE: „*Hmm, h-hmm.*"

ELIONA: *„Ein sogenannter ‚Selbstgefaller'."*
MARISA: *„Und zwar aus Überheblichkeit!"*

Anhand des Mitmachblatts (S. 23) können die Schülertrios ihre Beobachtungen protokollieren. Das Aufschreiben geschieht reihum.

Zum Schluss können sich zwei Dreierteams ihre Ergebnisse gegenseitig vorführen und so weitere Deutungen erhalten.

IDEE: Die Schülerinnen und Schüler üben sich sowohl im freien Äußern als auch im Deuten situations- oder charakterbedingter stimmlich-halbsprachlicher Gesten.

ASPEKTE: Zuhören • sich freisprechen • Menschenkenntnis • Spaß • Begriffsfindung, Begriffsklärung • Wortschatz erweitern • Deutungshoheit • Vergleich subjektiver Wahrnehmungen • Performance.

SCHRITTE: „Bistro Blanke Platte" herstellen • Arbeitsblatt und Stift bereitlegen • in Zweier- oder Dreiergruppen Äußerungen generieren • die Äußerungen in eigener, freier Schreibweise notieren • Zwei Trios stellen sich gegenseitig auf die Probe: Die eine Gruppe produziert den Laut, die andere findet einen Namen dafür.

ZIEL: Jede Gruppe hat mindestens fünf Äußerungen hervorgebracht und benannt sowie fünf stimmliche Gesten der Partnergruppe gedeutet. Wenn möglich, deutet jede Kleingruppe insgesamt dreimal fünf Äußerungen.

ALTER: Ab Klasse 8.

DAUER: Etwa 10 Minuten für 5 Äußerungen.

EINSTIEG: Sie stellen sich vor Ihre Klasse und irritieren sie durch freimütige stimmliche Impulse.

Sp 2

2.2 Abschmettern

ENSER: *(hat einen kleinen Geldbeutel aus dem Zücksack gezogen) „Wir waren einkaufen."*
DORJ: *„Oh nee, da muss man sich ja extra für anziehen!"*
VANESSA: *„Und da kann man ja nur Klamotten gucken gehn!"*
EMIRHAN: *„Ja, und da gibt's ja nur überall Obst und Gemüse. Und da musst du erst einmal einen Zettel schreiben, oh Mann … und dann musst du an der Kasse auf alles aufpassen und den Balken richtig aufs Förderband legen, echt heavy …"*
MELIK: *„Und wenn man seinen Geldbeutel vergessen hat, muss man wieder umkehren."*
ENSER: *„O. k., war ja nur ein Vorschlag, 4:0 für euch."*

Maulen ist keine Kunst, und ein guter Vorschlag kann von einer Gruppe im Handumdrehen verunmöglicht werden. Dann siegen Langeweile, Feigheit oder Bequemlichkeit. Was kann man dagegen tun? In diesem Spiel wird der Bogen überspannt. Die Neinsager dürfen triumphieren. Aber nur so lange, wie ihnen nicht die präzisen Argumente und die klar gesprochenen Sätze ausgehen. Wenn Melik den Satz mit dem Geldbeutel nicht formuliert hätte, hätte Enser das Spiel gewonnen. Denn es gilt: Jede einzelne Ablehnerin und jeder einzelne Abschmetterer in der Vierergruppe muss sich ein eigenes „Nein, weil…" aus den Fingern saugen. Fällt auch nur einem von ihnen nicht schnell genug etwas ein, geht der Punkt an Enser.

Einer gegen vier, das liest sich ungerecht. Aber das Vierergrüppchen darf sich nicht zurücklehnen, sondern jede, jeder muss in vollständigen Sätzen vernünftig oder unvernünftig klingende Argumente liefern.

IDEE: Die von Schülerinnen und Schülern gern ausgeübte Praxis, Vorschläge seitens der Erwachsenen abzuschmettern, wird übererfüllt. Durch so und so viele Wiederholungen wird das Muster dahinter erkennbar und kann verlacht werden.

ASPEKTE: Zuhören • imaginieren • improvisieren • übertreiben/Hyperbel • überzeugen • genau erinnern.

SCHRITTE: „Bistro Leere Luft" herrichten • Zücksack bereitstellen • in Fünfergruppen zusammengehen • reihum aus dem Zücksack einen Gegenstand ziehen und entsprechend einen Vorschlag unterbreiten • Die anderen schmettern den Vorschlag durch präzise, u. U. an den Haaren herbeigezogene, Argumente ab.

ZIEL: Pro Fünfergruppe kam jede, jeder einmal mit einem eigenen Vorschlag dran. Wer keine vier Gegenargumente kassiert hat, hat gewonnen.

ALTER: Ab Klasse 6.

DAUER: Etwa 7 Minuten.

EINSTIEG: Sie erzählen von einem – im Grunde sehr spannenden – Vorschlag, den ein Familienmitglied Ihnen neulich gemacht hat und den Sie durch gut formulierte, wenn auch fadenscheinige Gründe abgeblockt hätten.

VARIANTE: Die Trios reden so, als seien sie voller Vorurteile und billiger Lebensweisheiten: „Wer einkauft, verliert nur sein Geld und landet im Gefängnis." „Einkaufen macht nervös und ist nichts für Leute mit schwachem Herzen." …

Sp 3

2.3 Viel Wort, viel leer

Was lässt sich über einen ganz normalen Würfel sagen – und zwar so, dass die Zeit verstreicht, der Inhalt dabei aber auf der Stelle steht?

JOSY: „*So, Leute, das ist hier ein Würfel, ein ganz normales Stück. Drauf zu lesen sind die Zahl eins, die Zahl zwei, die Zahl drei, die Zahl vier, die Zahl fünf, die Zahl sechs. Und wenn du mich jetzt fragst: ‚Kommt da noch eine Zahl dazu?‘ Dann beantworte ich das ganz klar mit Nein. Das sind die Zahlen eines Würfels. Und es ist gut so. Auch dass auf jeder Seite des Würfels nur eine Zahl steht. Sonst würde es ja leicht passieren, dass eine Seite vom Würfel plötzlich keine Zahl mehr hätte. Und genauso anders herum: Wenn jetzt auf einer einzigen Seite des Würfels gleich zwei Zahlen beieinanderstünden, das wäre nicht gut, denn dann wüssten wir ja nie, welche der beiden Zahlen nun gelten sollten. So ein Würfel muss auch gut in der Hand liegen. Ich spüre jetzt mal so in meine Hand hinein: Doch, fühlt sich würfelig an …*

Hier ist penibles kleinschrittiges Formulieren gefragt. Wie viel lässt sich eigentlich sagen über einen spontan aus dem Zücksack gezogenen Gegenstand? Zum Glück besitzt jedes Ding, und sei es noch so unscheinbar, ein paar Seiten, die uns die Zunge lösen können. Hilfreich ist dabei die Vorgabe, dass die Beschreibung nicht abschweifen soll, sondern möglichst nah am gezogenen Gegenstand bleiben muss. Das Ganze wird um die Wette gespielt: Wer schafft es, über den eigenen Gegenstand länger zu reden, zu quasseln, zu schwadronieren als die anderen? Jede Quasselstrippe, jeder Dampfplauderer erhält pro Minute einen Punkt.

Mithilfe des Mitmachblatts auf S. 24 können die Schülerinnen und Schüler festhalten, welche und wie viele inhaltliche Aussagen die Schwadroneurinnen und Schwätzer – trotz aller Bemühungen um Eintönigkeit – von sich geben. Wenn es zu viele waren, gibt es Punktabzug.

IDEE: Mit der Stoppuhr sich gegenseitig ermuntern, mehr Worte als die Mitspielenden zu verlieren.

ASPEKTE: Zuhören • beschreiben • in Erzählfluss geraten • improvisieren • Spaß.

SCHRITTE: „Bistro Leere Luft“ einrichten • Zücksack bereitstellen • Dreier- bis Fünfergruppen bilden • Stoppuhr (Smartphone) bereitlegen • reihum ins Erzählen geraten, die anderen hören zu • Ein Mitglied misst die Zeit.

ZIEL: Das Spiel ist zu Ende, wenn alle in der Gruppe möglichst lange erzählt haben und die Siegerin, der Sieger feststeht.

ALTER: Ab Klasse 5.

DAUER: Etwa 7 Minuten.

EINSTIEG: „Also, Leute, worüber soll ich reden: über die Kreide, über den Schwamm oder über den Papierkorb hier?“

VARIANTE: Schert Josy in ihrem Plaudern über den Würfel aus, wird sie von der Gruppe „zur Ordnung gerufen“. Gewonnen hat auch, wer am längsten und am stringentesten bei seinem Thema blieb – selbst wenn die Rede letztendlich langatmig war. Stellt die Bemerkung „Julius Cäsar hat ja auch gern gewürfelt“ eine Abschweifung dar oder nicht?

2.4 Fein raus

Sp 4

Abb. 11: „Tja, da bin ich fein raus.“ – „Schön für dich.“

KEREM: „*Bei uns ist in den Weihnachtsferien die Heizung ausgefallen.*“
ANNA-MARIA: „*Wir sind da ja fein raus, weil: Wir wohnen neben einem Kraftwerk. Und wenn der Strom bei uns ausfallen würde, dann würden wir einfach dort hingehen und uns ein bisschen Wärme von dort holen.*“
KEREM: „*Schön für euch.*“
ANNA-MARIA: „*Ja, finde ich auch.*“

Dieses Spiel könnte auch „Pechvögel und Glückspilze“ heißen. Spieler A räumt ein erfundenes Missgeschick ein. Er sollte von seiner Mitspielerin B erwarten dürfen, dass sie A trösten oder mit verständnisvollen Nachfragen ihre Anteilnahme ausdrücken würde. Diese Erwartung wird im Rahmen dieses Spiels offensiv gebrochen: Das eingestandene Malheur beflügelt Spielerin B vielmehr dazu, maliziös ihre eigene Unversehrtheit zu feiern. Die Pointe besteht darin, dass Spieler A Spielerin B auch noch zu ihrem Glück gratulieren muss – und Spielerin B sich die Glückwünsche frank und frei gefallen lässt. Je unverhohlener Pech und Glück geäußert werden und je konstruierter die Details in den improvisierten Erklärungen ausfallen, desto schöner blühen Fantasie und Sprache auf.

IDEE: Borniertheit im Rollenspiel ausleben bzw. erkennen, auskundschaften und eine Haltung dazu erwerben.

ASPEKTE: Zuhören • Stegreif • Behauptungen aufstellen • improvisieren • Spaß • Charakter • Menschenkenntnis.

SCHRITTE: Im Plenum einen Kartenstapel (Vorlage S. 25) erstellen: „Dinge im Haus von A bis Z“, also „Astschere“, „Badewanne“, „Computer“, „Dachrinne“ usw. • „Bistro Blanke Platte“ einrichten • Tandems bilden • je Tandem sechs Karten ziehen • Spieler 1 deckt

Kärtchen auf, entwickelt daraus ein Missgeschick • Spieler 2 reagiert mit dem Satz „Wir sind da ja fein raus" und erklärt aus dem Stegreif, weshalb das Missgeschick ihm/seiner Familie nicht hätte passieren können.

ZIEL: Jedes Tandemmitglied erfindet drei Missgeschicke.

ALTER: Ab Klasse 5.

DAUER: Etwa 7 Minuten.

EINSTIEG: „Ich weiß nicht, wie es euch so geht im Leben. Aber ich habe noch nie etwas falsch gemacht. Ihr könnt mich gern dazu befragen. Mir ist in meinem ganzen Leben auch noch nie ein Missgeschick passiert." Manche in der Klasse wird diese Aussage provozieren, und ein Gespräch kommt in Gang.

Sp 5

2.5 Erfundene Figuren dissen oder feiern

Abb. 12: „Und am Ende liegt sie im Krankenhaus. Denk an meine Worte!"

Lisa ist eine erfundene Figur. Georgios hat sie sich eben anhand von drei Merkmalen aus den Fingern gesogen. Jetzt sagt er über Lisa aus:

GEORGIOS: *„Lisa ist erstens dreizehn Jahre alt, wohnt zweitens in München, und drittens mag sie Hunde."*
ORGES: *„Oh Mensch, Lisa, warum gehst du denn schon allein in den Club. Das ist doch viel zu gefährlich, du bist doch erst dreizehn!"*
LOVLIN: *„Mann, Lisa, das hat sie jetzt davon, dass sie alle Hunde mag – sie ist schon mehrmals gebissen worden!"*
FILOMENA: *„Lisa, ich versteh dich einfach nicht. Was willst du denn in München? Nordhausen ist doch viel schöner!"*

Woher kommt nur diese allzu menschliche Fähigkeit, sich in Sekundenschnelle ein Urteil über einen anderen Menschen zu bilden? Hier geht es darum, diese „Kompetenz" zum Spielgegenstand zu machen. Wenn gerade Kinder und Jugendliche häufig unter den Vorurteilen und Nachreden ihrer Mitschüler leiden, so ist hier Gelegenheit, für den Mechanismus der schnellen Urteile zu sensibilisieren. Dass die Menschen, über die hier Urteile gefällt werden, frei erfunden sind, ist ein Vorteil. Im Idealfall lachen wir nicht zu knapp über uns selbst und können uns so aus dieser Urteilsfalle befreien.

Sie können auch das Gegenteil durchspielen: Wieder erfindet jemand anhand dreier Einzelheiten eine Figur. Anstatt sich aber den Mund über diesen erdachten Charakter zu zerreißen, wird dieser nun gelobt, gefeiert, in positives Licht gestellt. Die positive Schilderung entbehrt natürlich genauso jeglicher Grundlage. Sie beruht auf blanker Erfindung.

IDEE: Vorurteile frei erfinden, lustvoll zelebrieren und Abstand zu ihnen gewinnen.

ASPEKTE: Zuhören • Lüge und Wahrheit kosten • Gerüchte kochen • Vorurteile schnitzen • Spaß • Eloquenz • Imagination • Weltwissen.

SCHRITTE: Im Plenum beginnen • in einem Satz eine Figur konstruieren mit maximal drei Details • etwa sieben Vorurteile schöpfen • Dreiergruppen bilden • „Bistro Blanke Platte" einrichten • Jede, jeder erfindet reihum eine Figur, die „gedisst" wird • danach eine Runde mit zu feiernden Figuren.

ZIEL: Jeder Schüler hat sich zweimal Vorurteile, zweimal „nur Positives" ausgedacht und außerdem zwei Figuren aus der Luft gegriffen.

ALTER: Ab Klasse 6.

DAUER: Etwa 12 Minuten.

EINSTIEG: „Bitte, nennt mir einen Vornamen, am besten einen alten, der völlig aus der Mode geraten ist. Es darf niemand einen Menschen mit diesem Vornamen kennen. Ich will nämlich anhand dieses Vornamens erkunden, wie schnell ich Vorurteile bilden kann, einfach so."

Hinweis: Alle sollten drauf achten, dass die erfundenen Vornamen nicht mit echten Mitmenschen in Verbindung gebracht werden können. Zumindest müssen Sie sicherstellen, dass ein Name, der „auch in echt vorkommt" nicht beschädigt wird. Vielleicht bestimmen Sie zwei „Namenwarte", die darauf achten.

2.6 Befehl und Bitte

Sp 6

Wer kann den absurdesten Imperativ von sich geben? Und wer schafft es, eine Bitte zu formulieren, die man schlichtweg nicht abschlagen kann? Was kann Jessica besser: Befehle erteilen oder Bitten aussprechen? Und was liegt Batuhan mehr: schroffes Nein-Sagen oder gefühlvolles Ja-Sagen? Wir hören und schauen hin, denn dieses reibungsintensive Miteinander ist spannend.

NORA zieht einen Bauklotz aus dem Zücksack: *„Enes, du baust mir ein Haus!"*
ENES: *„Fällt mir nicht ein! Bau dein Haus gefälligst selber!"*

NORA zieht eine Haarspange aus dem Zücksack: *„Bitte, Enes, suchst du mir bitte die andere Haarspange, die genauso aussieht? Die andere ist mir runtergefallen. Hilfst du mir suchen?"*
ENES: *„Ich kann leider nicht, liebe Nora, ich hab's im Rücken und darf mich nicht bücken."*

Die Spielenden können den jeweiligen Befehl brüsk von sich weisen oder willfährig bejahen. Auf die Bitten können sie entweder einfach eingehen oder mit einer guten Begründung sanft ablehnen. Der Ton macht die Musik. Auch die Befehlserteiler und Bittstellerinnen sollten Feingefühl entwickeln: Poltern sie drauflos? Oder gehen sie die Sache geschmeidig an? Das Spiel erfüllt seinen Auftrag in sich selbst; niemand kann etwas gewinnen. Gewonnen ist dennoch etwas, wenn die Sätze hin und her fliegen und die Worte mit Feingefühl gewählt werden.

IDEE: Unabhängig vom eigenen Persönlichkeitsprofil einen willensbetonten Wortwechsel beginnen bzw. aushalten und das eigene Verhalten daran schulen.
ASPEKTE: Zuhören • Reaktionsspektrum • der Ton macht die Musik • Ja-Sagen/Nein-Sagen • Spaß • Ego • formulieren • Wortwahl.
SCHRITTE: Im Plenum beginnen, ein Beispiel geben • Vierergruppen bilden • Zücksackinhalt nach Anzahl der Gruppen auf mehrere Beutel aufteilen • Zwei spielen los, die anderen beiden verfolgen den Wortwechsel • dann wechseln • Abschlussplenum: „Wie war's?".
ZIEL: Nach abgelaufenem Wortwechsel im Klassengespräch Berichte Einzelner hören und das Erlebte gemeinsam reflektieren.
ALTER: Ab Klasse 5.
DAUER: Vorstellung 4–5 Minuten, pro Wortwechsel 1–2 Minuten, Abschlussgespräch 5 Minuten.
EINSTIEG: Sie fragen, wer mit Ihnen ein Spiel vorstellen will, bestimmen denjenigen, ziehen einen Gegenstand aus dem Beutel und erteilen dem Schüler einen Befehl. Die Irritation in der Klasse muss nicht aufgelöst werden. Sie ziehen erneut einen Gegenstand und bitten den Schüler, der sich bereit erklärt hatte, Ihnen die Bitte zu erfüllen.

VARIANTE: Sie können denjenigen, die auf Befehl oder Bitte reagieren sollen, Gelegenheit geben, Zeit zu gewinnen: Alle bekommen einen Keks. Solange die oder der Reagierende den Keks knuspert, darf die Reaktion überlegt werden.

Sp 7

2.7 Erinnerungsfreibad

Unser Gemüt freut sich über schöne Erinnerungen – selbst wenn diese nicht auf Wahrheit beruhen. Daher

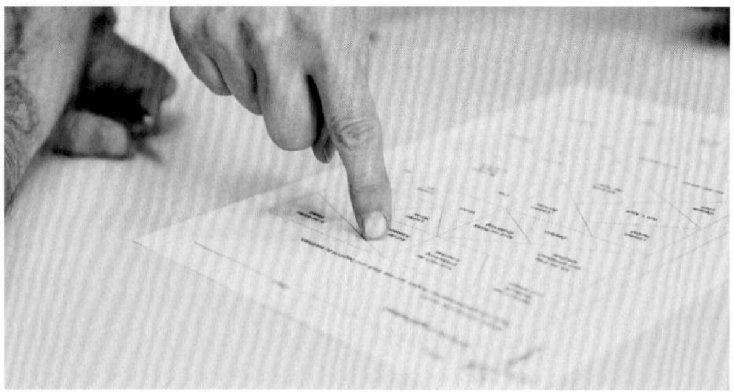

Abb. 13: Mit dem Finger auf dem Blatt lässt sich nach Lust und Laune eine Vergangenheit erfinden.

kann es unter gleich gestimmten Leuten, die in gemeinsamen Nostalgien baden, schon mal vorkommen, dass die Gedächtnisleistung eines Einzelnen unwillkürlich auch von denen mit erbracht wird, die „damals" gar nicht mit dabei waren.

In diesem Spiel sollen die Teilnehmenden nach Herzenslust fabulieren. Das Salz der Übung besteht nun darin, die anderen im Kreis mit Bildern und Szenen zu überraschen, die die Mitspielenden in echt gar nicht erlebt haben. Wer spinnt das schillerndste Erinnerungsgarn? An den Reaktionen kann der „Wisst ihr noch"-Sager dann ablesen, ob er die Zuhörenden irritiert hat oder nicht. Vielleicht versteigt sich Max auch gleich zu einer Erinnerung die von ihm und von den Übrigen im Kreis – rein physikalisch – gar nicht geteilt werden kann. Die Frage ist: Wie weit zurück schafft es die Gruppe, bis ihr die Behauptungen selbst zu steil werden? Das Mitmachblatt auf S. 26 legt die Gruppe in die Mitte des Tisches. Mit geschlossenen Augen tippt der jeweilige Spieler mit dem Finger auf ein Feld. Mithilfe des dort angegebenen Zeitpunkts (z. B. „vor 200 Jahren") kann Max leichter einsteigen. Er fügt nun einen Ort und eine Angelegenheit frei hinzu. Auf seinen Einstiegssatz hin müssen die anderen (je nachdem, wie steil Max' Behauptung klingt) nicken und bejahen, so gut es eben geht.

MAX (tippt mit geschlossenen Augen auf das Feld „Verganges Jahr"): *„Wisst ihr noch: letztes Jahr, in Freiburg, als wir auf Klassenfahrt waren und Frau Brunner plötzlich verschwunden war?"*
ALLE FÜNF: *„Stimmt!"*
SAID (sitzt neben Max und muss mit einem Detail Max' Behauptung stützen): *„Stimmt! Und wie wir dann alle ohne Ticket in den Zug eingestiegen sind und dem Kontrolleur aufs Auge gebunden haben, Frau Brunner würde im Zugbistro sitzen und hätte unsere Fahrkarten alle gesammelt in ihrer Handtasche."*
ALLE FÜNF: *„Ja, ja, ja ..." – „Stimmt!"*
AYLIN (ist die Dritte in der Reihe und darf auf das nächste „Zeitfenster" tippen): *„Stimmt! Das war was! Aber wisst ihr noch: 1893, als ich in Berlin durch den Schnee gestapft bin und du, Sindos, in einer achtspännigen Kutsche an mir vorbeigerollt bist und mich fast überfahren hättest!"*

SINDOS: *„Stimmt! Und dann hat dich Lukas aber erkannt, weil er vorn auf dem Kutschbock saß, und hat dich im Fahren zu sich hochgezogen!"*
FEE: *„Stimmt! Du hast Recht! Aber wisst ihr noch* (sie tippt auf das Zeitfenster „Im Kindergarten"), *wie Martha mir die Schaufel aus der Hand gerissen hat?"*

IDEE: Sehr freizügige Behauptungen über vermeintliche gemeinsame Erlebnisse der Spielrunde aufstellen und fantasierend Geist und Zunge lösen.
ASPEKTE: Zuhören • fantasieren • mitschwingen • Flow • foppen • Spaß • historische Elemente ins Erzählen einbauen • Fiktionalisierung.
SCHRITTE: Mitmachblatt kopieren • „Bistro Leere Luft" einrichten • Fünfer- bis Siebenergruppen bilden • Blätter und Stifte bereitlegen • loslegen.
ZIEL: Eine schwelgende Stimmung in der Gruppe erzeugen, bis die Fantasie ganz in Fahrt gerät und sich keine „Löcher" im Erzählen mehr auftun.
ALTER: Ab Klasse 6.
DAUER: Etwa 10 Minuten.
EINSTIEG: „Wisst ihr noch, als ihr alle am ersten Tag hier an der Schule in der Aula gesessen habt? Und als Frau Bettstatt euch alle begrüßte – und ihr alle solche Angst vor ihr hattet? Nein? Tut bitte mal so, als könntet ihr euch dran erinnern."
TIPP: Alle Wortmeldungen mit „Stimmt!" beginnen.

Sp 8

2.8 Freispruch durch Genauigkeit

Es geht hier darum, sich durch umfassende präzise Berichterstattung über einen Vorfall freizusprechen. Einem Mitschüler wird durch gelenkten Zufall eine Straftat angehängt. Wer sich nun durch präzise Nennung von Details zu rechtfertigen weiß, ist frei. Wer seine – erfundene – Ausrede aber nicht eloquent, nicht konkret genug hinbekommt, wird verurteilt.

Cevdet ist Ankläger, Faris wird angeklagt, Niklas verteidigt und Luna ist Richterin. Cevdet hat aus dem Mitmachblatt (Vorlage auf S. 27) einen Stapel Anklagekärtchen gebastelt und verdeckt auf dem Spieltisch verteilt. Er deckt eines der Kärtchen auf und sagt:

CEVDET: *„Angeklagter, Sie werden beschuldigt, bei dem Raubüberfall beteiligt gewesen zu sein. Wo waren Sie, als der Einbruch geschah?"*
FARIS: *„Ich war essen."*
CEVDET: *„Essen. Essen müssen wir alle, am besten jeden Tag. Etwas genauer, bitte!"*
FARIS: *„Ich war essen bei meinem Onkel. Er hat ein Fischrestaurant in der Altstadt, an der Ecke Sporer-Gasse/Münzgasse. Dort gibt es immer freitags Miesmuscheln. Die besten Miesmuscheln der Stadt. Der Preis ist seit zehn Jahren derselbe: neun Euro. Und ausgerechnet letzten Freitag hat mein Onkel die Preise erhöht: Zehn Euro kosten die Miesmuscheln jetzt. Ich habe ihn gefragt: ‚Onkel, warum machst du das ...'"*
CEVDET: *„Das ist ja alles schön und gut. Und wo saßen Sie?"*
NIKLAS: *„Ich bitte den Herrn Staatsanwalt, sich ein Stück zurückzunehmen. Es ist allen bekannt, dass mein Mandant im Restaurant seines Onkels immer an Tisch 14 sitzt. Immer. Und außerdem hat der Onkel meines Mandanten eine Videokamera, die die Gaststube und damit auch Tisch 14 überwacht. Und deshalb ..."*
LUNA: *„Dann sagen Sie mir bitte, Angeklagter: Wo steht Tisch Nr. 14?"*
FARIS: *„Direkt vor der Eistruhe."*
LUNA: *„Danke, das genügt. Damit steht das Urteil fest. Der Angeklagte war beim Einbruch tatsächlich nicht beteiligt. Das Urteil lautet ‚Freispruch durch Genauigkeit'."*

Alle Rollen leben davon, dass möglichst genau formuliert wird. Insbesondere der Richter muss die Spielregel beherzigen: Genauigkeit muss siegen. Das gilt sowohl in den Fällen, in denen der Angeklagte mit seiner Verteidigerin genauere Einzelheiten liefern kann, als auch in den Fällen, in denen der Ankläger präziseres belastendes Material beiträgt.

IDEE: Eine Gerichtsverhandlung abhalten, in deren Verlauf entweder die Person gewinnt, die sich durch genauere Formulierungen und detailgetreuere Erfindungen aus der Affäre ziehen kann, oder derjenige, der durch die Spitzfindigkeit seiner Nachfragen die Angeklagten sprachlos macht.
ASPEKTE: Zuhören und reagieren • imaginieren • genau beschreiben • formulieren • insistieren • Rollenspiel • Spaß.
SCHRITTE: Spiel im Plenum einführen • Vierergruppen bilden • „Bistro Blanke Platte" einrichten • Anklagekärtchen bereitlegen • Rollen verteilen: Richterin, Ankläger, Angeklagter, Verteidigerin • losspielen • Rollen in der Runde noch drei Mal wechseln.
ZIEL: Jeder in der Viererrunde hat alle vier Rollen innegehabt.
ALTER: Ab Klasse 5.
DAUER: Pro Anklage etwa 3 – 4 Minuten, ergibt pro Spielrunde 12 – 16 Minuten.
EINSTIEG: Sie bitten eine Schülerin, einen Schüler darum, Ihnen einen Vorwurf zu machen und mit Ihnen ein Verhör zu beginnen, das aus lauter freien Behauptungen besteht.

Sp 9

2.9 Das Schlimmste kommt noch!

Bei Jugendlichen gibt es oft eine große Vorliebe für Katastrophen und ungute Geschichtenverläufe.

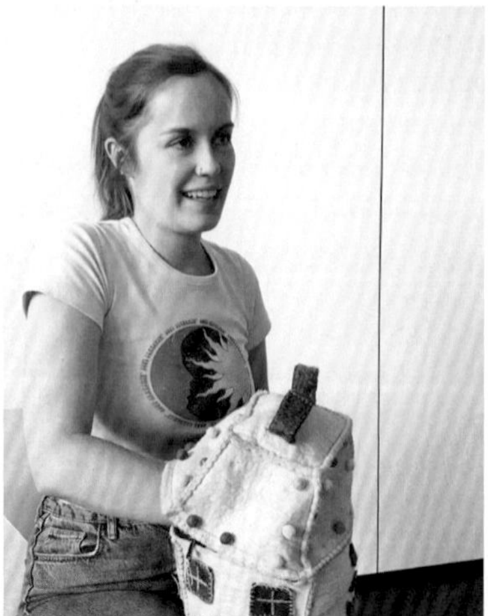

Abb. 14: Irritationskompetenz erwerben geht so: Die Teilnehmerin (Laura Hornstein vom LpZ Stuttgart) greift in den Zücksack. Sie weiß nicht, was für Dinge darin zu finden sind. Der offene Ausgang des Vorgangs erhöht den Spielspaß erheblich. Dann schlägt die Erwartung in Überraschtheit um: „Was ist das?!“
Nur keine Bange: Unserem Geist fällt immer eine Assoziation ein. Wir müssen ihn nur dem Spiel komplett ausliefern.

Mit diesem Spiel können sie dieser Lust hemmungslos frönen und dabei auch noch das Vergnügen kultivieren, ihren Nebensitzern wahre Hiobsbotschaften zu überbringen.

Der Zücksack kreist im „Bistro Leere Luft". Ohne zu überlegen, greift Semir in den Beutel, zieht einen Gegenstand hervor. Es ist ein kleiner Flaschenöffner – ein Werbegeschenk. Jetzt hält Semir den Flaschenöffner in der Hand, wiegt ihn kurz hin und her, bis sich eine erstbeste Assoziation zu dem hervorgezogenen Ding einstellt. Dann beginnt er zu erzählen:

SEMIR: *„Also, Leute, ich hab ein Problem. Ich bin limonadenabhängig. Wenn ich das Zeug zu Hause bei mir rumstehen hab, dann kann ich nicht anders. Ich greife mir die erste Limoflasche, mach' sie auf und – ex. Bitte, hilf mir, Chris."*

Mit den Worten „Hilf mir!" hatte Semir dem neben ihm sitzenden Chris den Zücksack auf den Schoß gestellt. Chris zückt einen weiteren Gegenstand: eine Miniaturgurke aus Holz (vermutlich ein Requisit aus einem Kinderkaufmannsladen).

CHRIS: *„Pass auf, das Schlimmste kommt noch: Semir, ich will dir zwar helfen, aber schau, was passieren wird: Ich werde dir Gurken schenken, um dich von der Limonadensucht zu befreien, um dich auf was anderes hinzulenken. Aber leider, leider, das Schlimmste kommt noch: Du wirst überhaupt nicht geheilt von der Limosucht, aber dafür wirst du jetzt auch noch ein Gurken-Junkie. Und alles wird schlimmer, als es eh schon war. Tut mir leid, Semir."*

SEMIR: *„Chris, du hast alles versucht, ich danke dir."*

Zum Glück ist alles nur ein Spiel. Und wenn die letzte Geschichte einen gar zu schlimmen Verlauf genommen hat, so können Sie immer noch das Gegenteil zur Spielregel machen. Anstelle des Satzes „Pass auf, das Schlimmste kommt noch!" hieße es dann bei Chris:
CHRIS: *„Kein Problem, Semir, ich kann dir helfen. Schau, diese Gurke wird dich auf einen ganz anderen Geschmack bringen. Ich bringe dir jetzt täglich vom Biomarkt um die Ecke zehn frische Biogurken. Und du wirst es schmecken: So was Leckeres hast du schon lange nicht mehr im Mund gehabt. Und in einer Woche ist deine Zeit als Limonaden-Junkie vorbei."*

Hinweis: Im Kreis sitzt die große Mehrheit derer, die den beiden Spielenden zuschauen und zuhören. Natürlich fällt denen, die nicht im Fokus der Aufmerksamkeit stehen, jede Menge zu den gezogenen Gegenständen ein. Sie können die Regel aufstellen, dass diejenigen, die dran sind, entscheiden können, ob sie sich von anderen helfen lassen wollen oder nicht. Wer helfen möchte, darf das Nachdenken der anderen nicht stören, sondern muss die Hand heben.

IDEE:	Durch gelenkten Zufall eine Miniaturgeschichte erfinden und lustvoll in der Katastrophe enden lassen.
ASPEKTE:	Zuhören • Erwartungen brechen – improvisieren • kombinieren • schlechtes Ende/gutes Ende • Spaß • fabulieren.
SCHRITTE:	Cypher/Sitzkreis einrichten • Zücksack holen • in den Kreis setzen • Immer zwei nebeneinander Sitzende spielen ein Spiel durch.
ZIEL:	Jede, jeder war mindestens ein Mal dran, entweder als Geschichtenbeginnerin oder als -beender.
ALTER:	Ab Klasse 7.
DAUER:	Je nach Klassengröße.
EINSTIEG:	Sie stellen den Zücksack aufs Lehrerpult und beginnen, sobald die Konzentration hergestellt ist, ohne Umschweife mit dem Spiel. Ein Schüler darf den zweiten Gegenstand ziehen. Sie bitten ihn zu sagen: „Pass auf, das Schlimmste kommt noch!" Dann bringen Sie die Beispielstory zu einem finsteren Ende.

VARIANTE: Verschränkung der Spielenden. Ist die Anzahl der Mitspieler nicht so groß, kann Chris zunächst Semirs Geschichte zu Ende bringen und dann gleich selbst gegenüber einem dritten Mitschüler eine neue Geschichte erfinden.

2.10 Schlachtruf gesucht!

Sp 10

Abb. 15: „Zwie - bel - sup - pe, Zwie - bel - sup - pe!"

Ich saß im ICE kurz vor Paderborn. Im Waggon vor mir grölte eine Gruppe Frauen und Männer überschwänglich immer wieder das Wort „Jägermeister" (vermutlich ein Hinweis auf die Kräuterlikörmarke). Was mich an dieser Gruppe faszinierte, war deren fortwährende Lust, ihre Parole auszurufen. Indem das fidele Rudel sein „Jääägeeermaaaaeeestäär" alle zwei bis drei Minuten gemeinsam anstimmte, stieg die Stimmung in der Gruppe – oder fiel zumindest nicht ab. Was so eine Parole so wirkmächtig macht? Die Hemmungen, uns sprachlich nüchtern zu verhalten, sind gefallen. Die Gruppe huldigt dem gesprochenen Wort auf ihre Weise und im Rahmen des aktuell Möglichen. Alle scheinen im Glück zu sein über die Zauberformel, die das Lebensgefühl dieser Fahrt, dieses Anlasses, auf ein einziges Wort vereinen kann. Dem will ich etwas abgewinnen – für unsere Zwecke:

CEVLIN zieht einen kleinen Deko-Holzpantoffel aus dem Zücksack: *„Also, wir fahren alle zusammen auf Klassenfahrt nach Holland. Wie lautet die Parole?"*

AYTAC: *„Hollllaaaaand."*
ALLE: *„Hollllaaaaand."*

BENI: *„Tulpenzwiebel!"*
ALLE: *„Tulpenzwiebel!"*

MELISSA: *„Nordsee!"*
ALLE: *„Nordsee!"*

Die Vorschläge können nur praktisch erprobt werden. Erst wenn alle mitskandieren, kann die Klasse spüren, ob beim Ausruf „Tulpenzwiebel!" wirklich alle Hemmungen fallen, mitzudröhnen – oder nicht. Möglicherweise findet sich auch in einigen Runden kein mitreißendes Ergebnis.

Das ist dann eben so. Aber es bereitet sehr viel gute Laune, wenn eine solche Zauberparole einer Gruppe aus dem kollektiven Herzen spricht.

IDEE: Sich als Gruppe auf die Suche nach einer gemeinsamen Parole für ein imaginäres Vorhaben machen.
ASPEKTE: Zuhören • hören • Wörter abschmecken • wagen • sich öffnen • Hingabe • dranbleiben.
SCHRITTE: Sich zum Cypher im Stehen zusammenfinden • Gegenstand aus dem Zücksack ziehen • Gegenstand mit einer gemeinsamen Unternehmung, Identität o. Ä. assoziieren • möglichst große Hingabe und Intensität anstreben (trunken ohne Grund).
ZIEL: Ein bis drei Parolen finden, die gut funktionieren.
ALTER: Ab Klasse 5.
DAUER: Etwa 8 Minuten.
EINSTIEG: Sie treten vor die Klasse und überraschen sie mit einer Parole zu einer bald bevorstehenden Klassenunternehmung.

VARIANTE: In manchen Klassen hat es sich bewährt, die dort vorhandenen Peergroup-Fraktionen intern nach einer Gruppenparole für die eigene Clique fahnden zu lassen. Auch kann es leichter fallen, das „Zauberwort" ohne Thema zu finden, aus Jux und Gaudi.

2.11 Lug & Trug

Sp 11

Mit den sozialen Medien traten auch die nicht ganz so sozialen „Fake News" in unser Leben: Wir haben ein Problem mit der Möglichkeit, Unwahrheiten auf digitalem Wege im Nullkommanichts, quasi zum Nulltarif und i. d. R. ohne rechtliche Konsequenzen abzusondern. Mit diesem Spiel können Sie diese seltsame Lust, eine falsche Behauptung aufzustellen und lange am Leben zu erhalten, vorführen und inszenieren.

Es ist Vormittag im Klassenzimmer. Die Junisonne scheint durchs Fenster. Maja und Elias sitzen auf der Bühne des Klassenzimmertheaters.

MAJA: *„Toll, diese Silvesterparty!"*
ELIAS: *„Silvesterparty?"*
MAJA: *„Wir feiern doch gerade Silvester, du Trottel!"*
ELIAS: *„Was heißt da Trottel – du bist ein Trottel, es ist Juni, und wir sitzen im Klassenzimmer!"*
MAJA: *„Nein, wir feiern gerade Silvester!"*
ELIAS: *„Aber nein, wie kommst du denn da drauf!?"*
MAJA: *„Beweise mir, dass wir nicht Silvester feiern."*
ELIAS: *„Kein Problem: Die Sonne scheint."*
MAJA: *„Das ist keine Sonne da draußen. Das sind neuartige Raketen: Dauer-Licht-Raketen. Die rußen nicht, die leuchten den ganzen Tag. Also, glaubst du mir endlich?"*
ELIAS: *„Kein Wort glaub ich dir, aber danke für deinen Trug."*

Die Täuschungsmanöver laufen zu offensichtlich ab, um das Spiel zu einem Wettkampf zwischen Lüge und Wahrheit zu machen. Dafür purzeln die Spielkarten zu zufällig in die Hände der spontanen Demagoginnen und Demagogen. Doch sollten diese „Angreifer auf die Wirklichkeit" gelobt werden, auch wenn das absurd erscheinen mag. Denn es gehört viel Imaginationskraft dazu, die Realität ad hoc so zu verdrehen, wie es das Spiel verlangt. Darum empfehle ich Ihnen: Lassen Sie die „Realisten" immer siegen und mit dem Satz abschließen: „Kein Wort glaub ich dir/euch, aber danke für deinen/euren Trug!"

Noch ein Hinweis: Die „Zimmerbühne" ist hier das beste Arrangement, weil die geballte Aufmerksamkeit der Klasse auf die Akteure für die nötige Energie sorgt: sowohl für die Lügnerseite als auch für die Seite der Realisten.

Das Mitmachblatt auf Seite 28 gibt Ihnen Vorschläge für mögliche Täuschungsmanöver an die Hand. Sie können es kopieren und einen Kärtchenstapel daraus erstellen.

IDEE: Die Lust an der Lüge im freien Spiel erkennen, ausleben und dadurch bannen.
ASPEKTE: Zuhören • fabulieren • kritisch sein • widerstehen • attackieren • dranbleiben.
SCHRITTE: Einen Kartenstapel mit unwahren Aussagen erstellen • Zimmerbühne einrichten •

Die Klasse nimmt im Publikum Platz • Zwei Schülerinnen, Schüler beginnen. Eine von beiden zieht eine Karte vom Stapel, bedenkt sich kurz • auftreten und losimprovisieren.

ZIEL: Das Spiel hat seinen Zweck erfüllt, wenn die Klasse ein bis zwei Mal die Macht der offensichtlichen Lüge und den Widerstand dagegen intensiv erlebt hat.

ALTER: Ab Klasse 8.

DAUER: Pro Angriff auf die Wirklichkeit etwa 3 Minuten.

EINSTIEG: „Liebe Klasse, ich muss euch die Mitteilung machen, dass diese Kreide in meiner Hand in Wahrheit gar nicht existiert. Wer will etwas dagegen sagen?"

VARIANTE: Jeder der beiden Duellanten hat noch einen Helfer, eine Assistentin, bei sich; für den Fall, dass einem von beiden die Argumente ausgehen.

Sp 12

2.12 Momente zerstören

Wir sind eine Vögelfütterfamilie. Es gehört zu unseren Alltagsfreuden, auf unserem Balkon Meisen und Spatzen zu empfangen. Eines Tages saßen meine beiden Söhne und ich auf der Bistroterrasse eines Stuttgarter Familienbades. Es war Mai, die Sonne schien, und mein jüngerer Sohn fütterte einen Spatzen. Da kam ein Herr auf uns zu und belehrte uns, dass es widersinnig bis schädlich sei, Vögel zu füttern. Die frei lebenden Vögel würden dadurch die Orientierung und Motivation für ein Leben in freier Stadt- und Wildbahn verlieren.

Unsere Begeisterung, dem Herrn unser Ohr zu leihen, hielt sich in Grenzen. Hatten wir es uns nicht gerade im vollen Freizeitmodus auf dieser Terrasse bequem gemacht? War es nicht unser gutes Recht, den Spatzen zu unseren Füßen etwas abzugeben? Hatte ich nicht im Winter zuvor erst von einem Aufruf eines Naturschutzverbandes gelesen, die Vögel ganzjährig zu füttern? Wir saßen also da, leicht verdrossen und angepiekst, bis ich mir das Herz fasste und diesen eigentlich freundlichen Mahner und Freizeitlehrer bat, uns nun in Frieden zu lassen, wir hätten seine Botschaft gehört. Er ging. Aber unser Moment war zerstört. Der Moment dieser freien Viertelstunde an unserem samstäglichen Badenachmittag.

Ich erzähle Ihnen das, um Ihnen exemplarisch zu zeigen, wie manche meiner Sprachspielideen entstanden sind – und um Sie zu ermuntern, auch solche Situationen aufmerksam zu betrachten und eigene Spielideen zu entwickeln.

Das Sprachspiel, das ich der geschilderten Begegnung verdanke, geht so: Lassen Sie in Grüppchen schöne Momente sammeln, Augenblicke des schönen Verweilens an einem Ort, friedliches Miteinander, brüderliche Zusammenkünfte, schwesterliche Aktivitäten, Familienfeste, ein Rendezvous, ein Date, ein Urlaubshöhepunkt. Alternativ oder zusätzlich können Sie die Vorlage auf Seite 29 nutzen. Diese Momente werden als adverbiale Ortsbestimmungen je einzeln auf Kärtchen geschrieben und auf einen Stapel gelegt. Der Stapel liegt nun zentral in Bühnennähe. Jede Fünfergruppe nimmt sich ein Kärtchen von diesem einen Stapel und imaginiert im „Bistro Leere Luft" eine möglichst schöne Szenerie. Die erste Gruppe tritt nach wenigen Minuten vor auf die Bühne und malt mit Worten die schöne Situation in die Luft. Die anderen Gruppen hören gut zu. Welche Gruppe ist die gemeinste? Wer hat rasch eine fiese Assoziation, mit deren Hilfe diese eben geschilderte Situation getrübt, gestört, ja zerstört werden könnte?

CATERINA: *„Wir sind zu viert, Aylin, Josefine und Henrik und ich, auf dem Cannstatter Volksfest. Wir essen gerade Pizza im Stehen. Und wir müssen lachen, weil: Henrik hat sich vorher so einen Glücksbringer geschossen; der Glücksbringer hat einen Knipser. Und Henrik hat sich den Glücksbringer wie so einen Busen an sein Shirt geheftet, und wir müssen voll lachen!"*
AYLIN aus der anderen Gruppe meldet sich und geht nach vorn: *„Ja, und dann aber kommt ein Mann auf uns zu und sagt: ‚Hö, weißt du denn nicht, dass diese Plastikteile von Kinderhänden gemacht wurden?'"*

Bitte, halten Sie diese Form von Spielverderben nicht für unnütz. Ich mache die Erfahrung, dass das Thema „Angenommen werden", „Einen Platz finden in der Welt" für Heranwachsende mitunter von viel subjektiver Enttäuschung geprägt ist. Im Spiel lassen sich solche Frustrationen inszenieren, übererfüllen und damit transzendieren und relativieren.

IDEE: Eine mit möglichst präzisen Worten und Details gemeinsam hervorgerufene Szenerie wird durch eine widerläufige Erzählattacke bewusst durchkreuzt. Das Spiel inszeniert den Sprechakt des Störens und lässt die Schülerinnen und Schüler dieses Stören als kuriose Lust entdecken, um das Zusammenleben besser zu verstehen.

ASPEKTE: Zuhören • Spaß • Fantasie • „fies sein dürfen", psychische Energien ausleben • sich selbst erkennen • Weltwissen • Verhaltensspektrum kosten • Problembewusstsein ausbilden • Menschenkenntnis.

SCHRITTE: Kartenstapel mit angenehmen Situationen erstellen • Zimmerbühne einrichten • Fünfergruppen bilden • Die Gruppen malen sich mit Worten die zugewiesene Situation aus • Gruppe 1 betritt die Bühne, referiert • Vertreter der Gruppe 2 tritt hinzu und zerstört die entstandene Vorstellung durch eine attackierende Gegenfantasie• Gruppe 1 lamentiert –

bis ein Vertreter von Gruppe 2 erzählend das Blatt wendet.

ZIEL: Jede Fünfergruppe kam in beiden Funktionen, als Erzählerin und als Störerin, dran.

ALTER: Ab Klasse 7.

DAUER: Je nach Anzahl an Gruppen ca. 5 Minuten.

EINSTIEG: Sie ziehen im Plenum die erste Karte, lesen sie vor, lassen das dort Genannte durch Ausschmücken vor dem geistigen Auge erstehen, bis alle im Raum sich die Szenerie vorstellen können. Dies ist wichtig: Denn nur wenn die Mehrzahl der Anwesenden in die Szene eintaucht, können Ideen zu deren empfindlicher Störung daraus erwachsen.

VARIANTE: Alles ins Gegenteil verkehren: Die Situationen auf den Kärtchen benennen nun triste, desolate Situationen. Alles andere wie oben.

Sp 13

2.13 Für mich genau andersrum

Wir mögen die Menschen, die frisch heraus sagen, was sie denken – falls sie dasselbe denken wie wir.

Mark Twain

Jugendliche sollten beim Erwachen ihrer ersten eigenen Standpunkte, Haltungen und Weltsichten Unterstützung finden. Sich als selber denkendes, selber empfindendes Individuum zu erkennen, ist mit Schmerzen verbunden – Wachstumsschmerzen. Grund genug, ein Spiel zu entwickeln, in dem der Andersdenk-Muskel gefahrlos gestärkt werden kann.

In der Klasse werden Themen und Dinge gesammelt, zu denen sich die Schülerinnen und Schüler leicht eine Meinung bilden können. Allen voran die Themen der eigenen Alltagszivilisation, aus dem Bereich des Verkehrs, des Essens und Trinkens, der Medien, der Unterhaltung. Das geschieht an der Tafel. Sie moderieren und fragen die Jugendlichen, wie ernst ihnen die angeschriebenen Themen jeweils sind. Nun notieren sich diese, wie viele „Ernstpunkte" sie z.B. dem Thema „Verkehr"/„Zukunft der Erde" geben. Die Skala reicht von 1 Punkt für „fast ganz egal" bis 10 Punkte „für mich existenziell wichtig". Die Bewertungen bleiben geheim.

Die angeschriebenen Themen werden auf einzelne Schlagworte heruntergebrochen. Aus dem Thema „Verkehr" etwa werden Karten generiert, auf denen Begriffe wie „Bus fahren", „selbst fahrende Autos", „Komfort", „Limousine", „Sportwagen", „Fahrrad", „zu Fuß gehen" stehen.

Dann stehen sich auf der Zimmerbühne zwei Schülerinnen gegenüber, die sich zuvor allein klargemacht haben, wie sie über das Thema „Bus fahren" denken und empfinden. Diese private Haltung zum Thema bleibt geheim – bis sie den Mund aufmachen:

EMILIA: *„Ich finde Bus fahren schrecklich. Wie Menschen sich freiwillig in einen Bus setzen können, ist mir bis heute ein Rätsel. Setzt du dich gern in einen Bus? Mal ehrlich: Das bringt's doch nicht, oder?"*
ANNA-LENA: *„Du, ganz ehrlich, für mich ist es genau andersrum. Ich liebe Bus fahren. Der Bus ist mir sogar lieber als ein ICE. Schon als kleines Mädchen bin ich in der letzten Sitzreihe, wo der Bus besonders schaukelt, in die Kinderkrippe gefahren. Das war ganz große Klasse. Und ich werde mein ganzes Leben lang mit dem Bus fahren. Auch weil dem Bus die Zukunft gehört, wie ich glaube."*
EMILIA: *„Aha."*
ANNA-LENA: *„Tut mir leid."*
EMILIA: *„Schon gut."*
ANNA-LENA: *„Ich mag dich ja trotzdem."*
EMILIA: *„Ich muss mal drüber schlafen."*

Die beiden haben, ohne es vorher zu wissen, völlig konträre Ansichten entwickelt, bevor sie auf die Bühne gingen. Der nicht ganz ernst gemeinte Schluss ihres Dialogs soll darauf hinweisen, dass im Sinne des Mark Twain-Zitats die Ausbildung konträrer Standpunkte immer kritisch ist. Gerade wenn der freie Umgang mit klaren Meinungen noch ungeübt ist, ist Herzklopfen vorprogrammiert. Wenn nun zufällig zwei sehr ähnliche Ansichten auf der Bühne einander begegnen, bleibt die Möglichkeit erhalten, aus den feinen Unterschieden noch etwas zu gestalten.

Noch ein Hinweis: Dieses Spiel dient explizit dazu, Unterschiede hervorzukehren. Spannend wird es dann, wenn die Schülerinnen und Schüler ganz und gar ehrlich mit sich selbst agieren. Sind sie das nicht, so verflacht dieses Spiel sofort!

IDEE: In einem angstfreien Raum eigene Meinungen gefahrlos äußern und geistig-seelische Reibungswärme erfahren.

ASPEKTE: Zuhören • formulieren • Mut • eigener Standpunkt • Ichwerdung • Haltung • Toleranz.

SCHRITTE: Themen an der Tafel sammeln • Schülerinnen, Schüler bewerten die Themen für sich • Zimmerbühne einrichten • Zwei Freiwillige starten, äußern ihre Meinung frei und klar, ohne Abstriche an die Diplomatie • Äußerungen bleiben stehen • keine Konsensversuche • Dann kommen die nächsten beiden dran.

ZIEL: Alle standen (ein oder zwei Mal) auf der Zimmerbühne.

ALTER: Ab Klasse 9.

DAUER: Je nachdem, s. Ziel.

EINSTIEG: Sie erzählen von einer Meinungsverschiedenheit, die in Ihrem Leben Spuren hinterlassen hat.

Name ____________________ Datum ____________________

Sp 1

„Hähähä …!"

Sven gibt Marisas Ausruf „P'oha!" den Titel „Freundinnen-Boha" und beschreibt ihn als „unterdrückten Stimmausbruch". Lara ergänzt das Motiv, das sie dahinter vermutet.

Du protokollierst die Äußerungen und Deutungen. Kreuze auch jeweils an, ob die Ausrufe spontan oder absichtlich erfolgt sind. Viel Spaß!

Name	Äußerung	Titel Beschreibung	Motiv	Spon-tan?	Ab-sicht-lich?
Marisa	P'oha!	Freundinnen-Boha: unterdrückter Stimmausbruch	Peinliches Überraschtsein, unterstützend	X	
Renée	Åhåå…	Wow für Doofe: pseudodümmliches Erwachen	Dem anderen zeigen, dass man verstanden hat – aber im Spaß und extra doof		X

Name ____________________ Datum ____________________

Sp 3

Viel Wort, viel leer

Fast vier Minuten schwadronierte Josy über einen Würfel, bis sie sich verhaspelte und nicht mehr weiterwusste. Sie sprach über seine Zahlen, seine Seiten und darüber, zu welcher Verwirrung eine andere Nummerierung führen könne. Selbst die Beschreibung des Handgefühls beim Halten des Würfels und Julius Cäsers Würfelleidenschaft ließ sie nicht aus. Für jede Minute bekommt sie einen, für jede angefangene einen halben Punkt. Findet die Gruppe, dass sie zu weit vom Objekt abschweift – zum Beispiel mit Julius Cäsar –, gibt es einen Abzug.

Jetzt seid ihr dran. Du stoppst die Zeit und protokollierst. Viel Spaß!

Name	Thema	Dauer Punkte	Inhalt: Schlagworte	Punktabzug	Ergebnis
Josy	Würfel	3:48 Min = 3,5 Punkte	Zahl, Seite, Verwirrung, Hand, Cäsar	1	2,5 Punkte

Sp 4

Fein raus

Dinge im und am Haus von A bis Z

Astschere	Badewanne	Chrysantheme	Dosenöffner
Efeu	Fahrrad	Gully	Holunder
Ingwer	Jalousie	Küche	Laminatboden
Müsli	Nasenhaarschere	Ofen	Pfanne
Qualm	Rasen	Salz	Toaster
Uhr	Vogelhäuschen	Wecker	X-Box
Ytongsteine	Zwiebeln		

Name ____________________ Datum ____________________

Sp 7

Erinnerungsfreibad

Woran erinnert ihr euch?
Tippt mit geschlossenen Augen auf das Blatt und beginnt zu erzählen. Viel Spaß!

Während des Wettlaufs zum Südpol

Kurz nach der Entdeckung Amerikas

Auf der letzten Klassenfahrt

In der letzten Eiszeit

Als die Erde sich allmählich abkühlte

Kurz vor Roms Eroberung

Gestern

Letzten Winter

Vorhin

Als ich gerade laufen konnte

Letztes Jahr

1962

Letzten Herbst

Letzten Sommer

1789

Am 1. April

Bei meiner Ankunft in der KiTa

Gerade eben

Am Ende der Ferien

50 v. Chr.

Vor 200 Jahren

Heute Morgen

Im Kindergarten

2001

Weihnachten/ Ramadan usw.

Vorige Woche

Gestern Nacht

In der Steinzeit

Vor acht Jahren

Freispruch durch Genauigkeit

Sp 8

Stalking	Raubüberfall	Brandschatzung
Verfolgungsjagd	Täuschungsmanöver	Überfall
Hetzjagd	Diebstahl	Verschwörung
Einbruch	Sachbeschädigung	Streit
Grenzüberschreitung	Bestechung	Randale
Ruhestörung	Betrug	Entführung
Vandalismus	Schmuggel	Vergiftung

Lug & Trug

Sp 11

Es ist Winter/Sommer.	Die Schule steht in einer fremden Stadt.	Wir alle sind Gefangene in einem Hochsicherheitsgefängnis.
Wir sind noch gar nicht geboren.	Wir befinden uns auf einem Kreuzfahrtschiff.	Alles ist ein Film.
Wir sind eigentlich Pflanzen.	Alle hängen um 180° gedreht von der Decke.	Wir sind alle Superhelden.
Das Klassenzimmer ist eine Zeitmaschine.	Der Hausmeister ist die wahre Schulleitung.	Wir werden alle überwacht.

Momente zerstören

Sp 12

Im Freibad	An einer Grillstelle	In unserem Geheimversteck
Im Lokal	Auf dem Oktoberfest	Auf einem weiten Platz
Auf der Aussichtsterrasse	Vor dem Fahrkartenschalter	Im Park
In meinem Zimmer	Auf der Tanzfläche	Im Proberaum

3 Sprech- und Erzählspiele

Kinnewippchen,
rotes Lippchen,
Nuppelnäschen,
Augenbräuchen,
Häärchen zipp!

Alter Kinderreim

Wie hoch schätzen Sie das Risiko ein, dass sich ein Mensch durch deutliche Artikulation und plastische Aussprache zu sehr exponieren könnte? Macht sich ein Mensch angreifbar, wenn er deutlich artikuliert und eine plastische Aussprache pflegt? Braucht es Mut, den Mund beim Sprechen – mehr als unbedingt nötig – aufzumachen? Entstellt das vollmundige Sprechen unsere Gesichter? Ich meine: Es verlebendigt sie! Wird das Sprechen davon befreit, möglichst ökonomisch lediglich einer reibungslosen Kommunikation zu dienen, dann kann es als vitaler expressiver Akt neu entdeckt werden. Deutliches Sprechen sehe ich im Unterschied zu früheren Konzepten nicht als disziplinierende Maßnahme, sondern als persönlichen Weg, Gedanken und Gefühle selbstbewusst und weltläufig zu äußern. Vollmundiges Sprechen sorgt für eine schöne Gesichtsfarbe, versorgt uns mit Sauerstoff und hilft meiner Erfahrung nach beim Denken und kognitiv geleiteten Formulieren. Darum – lassen Sie uns weitermachen!

Die ersten vier Übungen (Sp 14 – Sp 17) möchten Sie und Ihre Klasse für die faszinierende Welt von Mund, Zunge, Lippen, Gaumen und Ohr sensibilisieren. Wie lange Ihre Schülerinnen und Schüler wohl nicht mehr nachgespürt haben, wie sich ein „L" anfühlt, wenn sich die Zungenspitze kraftvoll gegen den Zahndamm stemmt? Hören sie den Unterschied zwischen einem „Ch", das in der verengten Mundhöhle gebildet, und einem „Ch", das im Rachenbereich artikuliert wird?

Beginnen Sie hinzuspüren, wie die verschiedenen Muskeln im Mund-, Nasen- und Rachenraum an bestimmten Körperpunkten aktiv werden, um einen einzelnen Laut, eine Silbe und schließlich ein Wort zu bilden. – Gehen Sie auf Erkundungstour im Höhlensystem des gesprochenen Worts!

Die Übung „Dimensionieren" (Sp17) bildet das Entrée zu den darauf folgenden neun Spielen (Sp 18 – Sp 26), die sich alle in diesem Bereich des „dimensionierenden Sprechens" tummeln. Sie werden erfahren, wie viel Freude es Ihren aufgeschlossenen und auch den weniger offenen Schülerinnen und Schülern bereiten wird, Wörter, Sätze und Aussagen mit dem eigenen Mundwerk in die Luft zu plastizieren. Es verhält sich damit wie mit dem Fahrradfahren: Ich kann Ihnen viel erzählen, wie Sie ein Fahrrad besteigen können, damit Sie schließlich erfolgreich in die Pedale treten und losfahren können. Aber um ein Fahrrad zu besteigen, hilft nichts anderes, als es eben zu besteigen!

Diese Sprechspiele werden Ihre Schülerinnen und Schüler inspirieren. Den Lauten und ihrer plastizierenden Eigenschaft ist es zu verdanken, dass sie zunehmend anfangen werden, bildhaft zu sprechen. Sind Ihre Schülerinnen und Schüler erst einmal von der üblichen „Mundfaulheit" befreit, dann werden sie – regelmäßiges Üben selbstverständlich vorausgesetzt – der Sprache generell immer mehr Seiten abgewinnen. Aus gehemmten Schmalspursprechern werden junge Wortmeisterinnen und Wortmeister.

3.1 Den eigenen Mund wachküssen

Sp 14

Ohne Atem ist Sprechen nicht möglich. Gönnen wir uns diese Frischluftzufuhr mit jedem Laut, den wir in dieser Übung lustvoll formen! Ich bin kein Stimm- und Sprechphysiologe. Erlauben Sie mir dennoch, Ihnen ein wenig in den Mund zu schauen, wenn wir nun die Laute der deutschen Hochsprache erkunden. Die Mitmachblätter auf den Seiten 40 – 42 sollen Ihnen und Ihrer Klasse Lust machen, auf Erkundungstour zu gehen. Setzen Sie sich bequem auf die vordere Stuhlhälfte, ohne sich anzulehnen, und beginnen Sie mit den Lauten am Rachenzäpfchen ganz hinten im Schlund. Von dort tasten Sie sich Stück für Stück nach vorne bis zu den weit geöffneten Toren der Vokale. Sie sind die Dirigentin, der Kapellmeister Ihres Lautorchesters – wenn Sie einatmen, geht es los!

Seien Sie unbesorgt: Wenn Sie diese Übung zunächst für sich beginnen, kann Sie die intensive Mundgymnastik zunächst irritieren. Aber Sie werden merken: Haben Sie sich angewöhnt, die Laute ein Mal täglich für sich genommen, „zu feiern", so wird Ihr anfängliches Befremden in vitalen Elan übergehen. Es ist wie mit jeder neuen sportlichen Betätigung und nichts Ungewöhnliches.

Die Laute einzeln und für sich zu üben, heißt, sich ganz auf deren Bildung im Mund zu konzentrieren, zu erleben, wie der Laut an der Lippe, am Gaumen, am Zahn, im Hohlraum des Mundes sich bildet. Versuchen Sie dabei zuerst, der „Sprachlichkeit" der Laute so weit wie nur irgend möglich zu entkommen. Denken Sie beim Ertasten, Lautieren und Lauschen lieber an Musik! Lenken Sie Ihre Aufmerksamkeit z. B. auf Ihre Zunge und wie diese sich an den Zahndamm lehnt, um ein resonanzreiches „L!" oder „N!" zu produzieren. Genießen Sie im Idealfall all diese verjüngenden Berührungsmomente und teilen Sie Ihren Elan mit Ihren Schülerinnen und Schülern!

IDEE: Wie eine Musikerin, wie ein Sportler die körperlichen Vorgänge miterleben, die sich bei der Bildung eines jeden Lautes der deutschen Hochsprache ergeben und dadurch „den eigenen Mund wachküssen".

ASPEKTE: Erleben • hören • Aufmerksamkeit • Artikulation • Sprachmusikalität • Performance • Laute • sensibilisieren • Musik für alle • „Kopf belüften“ • Erlebnisfähigkeit steigern.
SCHRITTE: Stuhl-Cypher herrichten • sich auf die vordere Stuhlhälfte setzen, ohne sich anzulehnen • gewählter Vorsprecher gibt den Laut vor, die anderen respondieren im Chor und auf gemeinsames Einatmen hin • vor jedem weiteren Laut mit geöffnetem Mund neu einatmen.
ZIEL: Alle Laute durchüben, bis Kopf und Leib erfrischt sind.
ALTER: Ohne Altersbeschränkung.
DAUER: Etwa 12 Minuten intensiv.
EINSTIEG: „Leute, ich hab grad Lust, mit euch Musik zu machen, bitte, lasst uns die Stühle umstellen …“

VARIANTE: Anstatt die Reihenfolge wie auf Seite 40 zu befolgen, können die Laute auch querbeet intoniert werden. Welche Laute haben wir vergessen? Die werden mit Freude nachgeliefert.

Sp 15

3.2 „F!“ ist ein Fauchlaut

Ich habe lange geglaubt, die Laute einer Sprache seien überindividuell erlebbar. Sie sind es aber nicht. Wenn Samreen findet, das „L“ sei ein eher „enger“ Laut, und Emma meint, „L“ habe aber vor allem einen hellen Klang und das „Enge“ sei eben „diese typische L-Helligkeit“, dann haben zwei Schülerinnen zwei verschiedene Empfindungen und Meinungen – und das ist die Regel.

Wenn wir die Laute für diese Übung in Familien einteilen, so geschieht das nicht nach phonologischen, sondern nach künstlerischen Gesichtspunkten und Erlebnisqualitäten. Jeder Laut kann mehrmals vorgeschlagen und in ganz verschiedenen, frei erfundenen Kategorien verwendet werden. Wie das bei den Lauten nicht anders sein kann: Nur indem wir die entstandenen Lautgrüppchen und -familien immer wieder aufs Neue gemeinsam sprechen und von einzelnen Akteuren sprechen lassen oder indem Sie und die Klasse sie responsorisch hin und her sprechen, kann sich eine ästhetische Meinung bilden, verfestigen oder weiterentwickeln. Alle Fraktionsbildungen sind erlaubt. Und wenn eine Gruppe z. B. für sich herausfinden will, wie „eng“ oder „gefährlich“ die Laute jeweils klingen oder welcher Laut „einfach der beste“ sei, dann führen alle diese Beschäftigungen zum gleichen Ziel: sich für die Welt der Laute an sich zu öffnen.

MIHIKA: *„Also, ‚L‘, ‚R‘, das hintere ‚Ch‘, das ‚Ng‘ und das ‚Ä‘, die nehmen wir zusammen und nennen sie ‚Rachenbewohner‘, weil sie entweder hinten oder weiter vorn, aber jedenfalls mitten im Rachen wohnen.“*

IDEE: In Tandems oder Kleingruppen die Laute im Hochdeutschen lautierend untersuchen und in eigene, frei gestellte Kategorien einteilen.
ASPEKTE: Künstlerische Forschung • Sublimierung • ästhetische Urteilskraft • Irritationskompetenz • Experiment • Performance • beobachten • Standpunkt finden und vertreten.
SCHRITTE: „Bistro Blanke Platte“ einrichten • Schreibzeug bereitlegen • Trios bilden • auf leeren Papierbögen die Laute nach eigenen Fragestellungen freizeichnerisch gruppieren • Ergebnisse zwischen einzelnen Gruppen kommunizieren und praktisch überprüfen • die spannendsten Ergebnisse im Schlussplenum vorstellen und praktisch, d.h. lautierend nachvollziehen.
ZIEL: Jedes Trio hat die Laute für sich durchgruppiert.
ALTER: Für Klassen 5–7 und 11–13.
DAUER: Von der Gruppenbildung bis zum Schlussplenum etwa 20 Minuten.
EINSTIEG: „Es gibt einen neuen Beruf, und zwar den Lautverkoster …“

Sp 16

3.3 Wer findet das lautvollste Wort?

Nicht alle Wörter unserer Sprachen sind gleichermaßen lautvoll. Und längst nicht alle Sprachen auf der Welt sind lautsymbolisch aufgestellt, von Gebärdensprachen u.a. ganz zu schweigen. Dieselben Trios wie in Sp 3.2 können nun z. B. nach dem Wort mit den meisten verschiedenen Lauten fahnden – oder das Wort mit der üppigsten Geballtheit von Konsonanten pro Silbe suchen. Auch hier sind der forschenden Fantasie keine Grenzen gesetzt. Am besten, Sie verknüpfen diese Arbeit mit Recherchen. Stellen Sie Ihrer Klasse eine bunte Mischung aus Wörterbüchern, auch Fachwörterbüchern, und Dialektliteratur zur Verfügung. Konfrontieren Sie sie mit der wilden Wörterwelt!

DAVID: *„Für mich ist das lautvollste Wort, ganz klar: ‚huschhusch‘!“*
BENI: *„Und für mich – ich weiß nicht, wo du deine Ohren hast – ganz klar ‚prasseln‘.“*

IDEE: Wörter mit hohem Lauterlebnisgrad finden, vorstellen und „verteidigen“.
ASPEKTE: Zuhören • sammeln • Wörterbücher • schmökern.
SCHRITTE: „Tisch für Tisch“ herrichten • Blatt und Papier für Notizen sowie Wörterbücher auslegen • Schülerinnen und Schüler sammeln und murmeln Wörter • die Ohren beim Murmeln zuhalten, das eigene Sprechen dadurch intensivieren • weitere Wörter in Büchern ermitteln • Rangfolge unter den gefundenen

Wörtern ermitteln • Ergebnisse im Trio vortragen, dazu „Bistro Blanke Platte“ einrichten • Wörter gegenseitig vorstellen, begründen, „verteidigen“ • die spannendsten Ergebnisse im Schlussplenum präsentieren lassen

ZIEL: Jede, jeder findet sein oder ihr lautreichstes Wort.

ALTER: Klasse 5–6.

DAUER: 20–60 Minuten.

EINSTIEG: „Ich möchte euch gern um eure Einschätzung bitten. Und zwar bin ich auf der Suche nach dem deutschen Wort, das am meisten Klang- oder Geräuschwert hat. Jetzt bin ich fündig geworden: ‚Schaschlikspieß‘. Das brutzelt so. Was meint ihr?“

Sp 17

3.4 Dimensionieren

Wie können Ihre Schülerinnen und Schüler die inneren Bilder, die das Sprechen bedeutungsvoll machen, eigentlich erschaffen? Überraschenderweise tragen die Wörter ihre potenziellen Bilder immer schon mit sich, denn die Laute eines Wortes besitzen im Deutschen – und in anderen lautsymbolisierenden Sprachen – bereits eine bildstiftende Qualität. Zum Beispiel bildet das „B“ im Wort „Ball“ eine Rundheit ab, die nach außen abgeschlossen erscheint – typisch für einen Ball. Das „L“ dient entweder dazu, den Ball als etwas Bewegliches zu zeigen oder um die Rundheit des Bildes zu unterstützen. Der Clou ist der, dass die Laute Medien darstellen, die von ihrer Wortbildung her eine bildhafte Vorstellung quasi „in die Luft zaubern“ können. Es gibt also über die Lautmusikalitäten eines Wortes einen ganz direkten, äußerlichen Weg, um zu dessen Bildern vorzudringen.

Wir können mit unserem Mund z. B. die Laute von „Ball“ so plastizieren, dass der „Ball“ als ein kleiner oder großer „Ball“, als ein alter oder leichter, als ein riesiger oder als ein schmerzhaft harter „Ball“ akustisch in Erscheinung tritt. Dieses plastisch-bildhaft gewordene Wort wirkt anders auf die Ohren der Zuhörenden ein. Es ist mehr los mit uns, der Inhalt wird mehr als nur eine Information. Ich nenne dieses Phänomen und Vorgehen „dimensionierendes Sprechen“: Verleihen Sie einem Wort die Dimension, die Sie ihm geben wollen! Und nehmen Sie Ihre Schülerinnen und Schüler mit zu dieser Lautverkostung!

Nehmen wir z. B. das „W“. Auf welche Weise können wir ein „W“ lautieren: Ich kann es etwa luftig oder „daherwalzend“ gestalten; ich kann ihm Dauer verleihen, es in die Länge ziehen oder beinahe wie ein „F“ stoßhaft bilden. Jeder Laut bietet spezifische und andere Phänomene.

Sind wir den Lauten auf diese Weise spürbar nähergekommen, können wir mit diesen Qualitäten auf die Wortebene wechseln. Wie wäre es zunächst mit einer Runde Adjektive?

ERAY: *„Voll!“*
BRUKLIAN: *„Leer.“*
ADELA: *„Heldinnenhaft!“*

Wohlgemerkt: Nicht die Stimme macht den Inhalt der Wörter klein oder groß, sondern die Artikulation. Am Beginn der Beschäftigung ist es wichtig, sich an die Übungen Sp 14 und Sp 15 zu erinnern: Wie haben wir da die Laute erlebt? Dieses Feingefühl wenden wir jetzt gestaltend an. In Erays „Voll“ ist es vielleicht das „ll“, das in Erays Mund so vollmundig artikuliert wird, dass der Eindruck von „Vollheit“ in unseren Ohren entsteht. Und in Adelas „Heldinnenhaft!“ sind es u. U. die beiden „H“s, die Adela so gestaltet, dass es dem, was sie mit dem Wort ausdrücken wollte, zum Ausdruck verhilft.

Als Nächstes können wir eine Runde mit Tiervokabeln starten:

ANDREA: *„Klapperschlange.“*
MARVIN: *„Bär!“*
ERIC: *„Glühwürmchen.“*
CHARLOTTE: *„Wurm.“*
MESUCAN: *„Hummel …“*

Nun plastizieren wir Gegenstände oder Lebewesen mitsamt einem Adjektiv. Dazu kommen noch Mengenangaben:

ANTONIA: *„Ein alter Stuhl.“*
NICHOLAS: *„Viele winzige Mücken!“*
DION: *„Sieben saure Stäbchen.“*
AMANDA: *„Vier kleine Murmeln …“*

Lassen Sie uns den letzten Sprechbeitrag genauer ansehen: Die Zahl „vier“ kann sprecherisch zweierlei bedeuten: Entweder es ist eine große – oder eine kleine Menge. Das kommt auf den Kontext an. Das Wort „klein“ ist da entschiedener, klarer: „Klein“ ist klein. Aber: wie klein genau? Natürlich, ich kann zu dem Wort „klein“ zwei Silben hinzufügen und so „klitzeklein“ aus dem „klein“ machen. Aber das ist eine andere Übung. Wenn ich bei „klein“ bleibe, dann bleibt das Dimensionieren meinen Mundwerkzeugen überlassen. Es geht aber weiter. „Murmeln“, das sind ja keine „Waschmaschinen“, auch keine „Liederbücher“ und auch keine „Stretchlimousinen“, sondern eben „M.-u.-r.-m.-e.-l.-n.“ Das heißt: der spezifische Lautcocktail, bestehend aus „Mmm“, „u“, „r“ usw. will gestaltet sein.

Gehen wir noch einen Schritt weiter und spielen ein wenig mit Sympathie und Antipathie:

VALENTIN: *„Ein abscheuliches Ungetüm.“*
SARINA: *„Ein zuckersüßes Kätzchen.“*

Hier würzen wir noch ein bisschen Schärfe hinzu – mit ein paar improvisierten Oxymora:

MATILDA: *„Ein abscheuliches Kätzchen".*
VKTORIA: *„Ein zuckersüßes Ungetüm".*

Mit den Kärtchen auf dem Mitmachblatt (S. 43; ggf. auf DIN A3 kopieren) können Ihre Schülerinnen und Schüler solche spannenden Wortpaarungen leicht selbst herstellen. Bitte ergänzen Sie die Kärtchen nach Lust und Laune durch eigene Vorschläge.

Noch ein Hinweis: Das Laute verkostende Gestalten irritiert am Anfang durch seine unangepasste Vitalität. Lassen Sie sie zu! Lachen Sie gemeinsam über die entstehenden Momente, wenn eine Schülerin mit drastischer Übertreibung das Üben scheinbar torpediert. Gerade auch der situationsbedingte Ulk verleiht der Übung Flügel!

IDEE: Den Worten durch vollmundige Artikulation Leben einhauchen, ihnen einen Charakter verleihen.
ASPEKTE: Zuhören • improvisieren • Aufmerksamkeit • imaginieren • gestalten • Sport • Spaß • Irritation • Mut • Sprachsensibilisierung.
SCHRITTE: Cypher-Stuhlkreis einrichten • in aufmerksamer Haltung auf vordere Stuhlhälfte setzen • abwechselnd eine Runde im Sitzen und eine Runde im Stehen absolvieren • sprechen mit artikulatorischer Beweglichkeit • Reihum gibt jeder ein Wort, eine Formulierung von sich.
ZIEL: Cypher so lange abhalten, bis alle involviert wurden.
ALTER: Ohne Beschränkung.
DAUER: Etwa 5–15 Minuten.
EINSTIEG: „Ich möchte euch gern das Wort ‚Blume' vorsagen – und ihr meldet mir bitte zurück, wie groß die Blume in eurer Vorstellung war."

VARIANTE: Für Fortgeschrittene ist es möglich, sich selbst aus dem Stegreif eine Kategorie für dimensionierende Sprechcypher vorzugeben. Wem fällt eine spannende Kategorie ein? „Vögel" etwa, also: „Teichrohrsänger", „Fitislaubsänger", „Schwan", „Zilpzalp". Oder die Kategorie „Eissorten": „Vanille", „Mango", „Pistazie", „Cassis"... Oder wie wäre es mit „Literatur": „Georg Trakl!", „Friedrich Schiller", „Franz Kafka"?

Sp 18

3.5 Es war einmal – ein Wind

Kommen wir zu einem zweiten Weg, wie die Sprache an Bildkraft hinzugewinnen kann: nämlich indem wir bildhafte Vorstellungen, die vor unserem inneren Auge erstehen, mit Wörtern verknüpfen, die wir spontan dafür tauglich halten. Hier plastizieren wir also keine Bilder über die Lautgestaltung in die Luft, sondern wir machen uns vor aller Artikulation irgendeines Worts ein freies, inneres Bild. Und für dieses Bild finden wir dann einen Namen, einen Ausdruck, einen Satz. Selbstverständlich kann auch eine solche Formulierung lautmalerisch gefärbt werden, aber darauf verwenden wir hier nicht unsere Aufmerksamkeit.

Zwischen die Imagination und das gesprochene Wort schiebt sich nun noch eine helfende Instanz, die wir auf jeden Fall in Anspruch nehmen sollten: der Atem. Wir bringen ja generell alles, was wir sagen, alles, was wir meinen, stets über den Atem „an die frische Luft". Der Atem lässt die im Inneren aufgeweckten Bilder überhaupt erst hörbar werden. Ist das erste Wort dann gefallen, so ist der Atem weiter im Schwange: als Strom, in dem die nächsten Bilder und Vorstellungen herbeigetragen werden.

Ein Wort zu den Gelingenserwartungen: Beileibe nicht immer sind diese inneren Bilder so klar, so vollständig, farbig, so konturiert, dass wir sie gleich mit der seelischen Kamera einfangen könnten. Das ist von Mensch zu Mensch z. T. sehr verschieden. Wichtig ist der Atem aber in jedem Fall – egal, was für eine Art von innerem Bild, es sei konturiert oder vage, dabei hervorgerufen wird. Den Atem bewusster beim Sprechen zu gebrauchen, stellt eine elementare Übung auf jeder erdenklichen Stufe der Entwicklung dar.

Für die folgende Anfängerübung nehmen wir uns ganz bewusst und willentlich so viel Zeit, wie die Protagonisten des Spiels brauchen, um ein inneres Bild zu sehen oder zu erleben. Erst wenn das Bild in der Fantasie entstanden ist, sprechen die Akteure das Wort aus, vorher nicht.

DAMIAN (setzt sich): *„Es war einmal* ... (wartet, lässt das Bild entstehen) ... *ein Schal."*
LYDIA: *„Es war einmal* ... (wartet, lässt das Bild entstehen) ... *ein Boxauto."*
FRIEDERIKE: *„Es war einmal* ... (wartet, lässt das Bild entstehen) ... *eine warme, weiche Hand."*

Was aber, wenn sich einfach keine Imagination einstellen will? So wichtig es ist, Zeit zu gewähren, so wichtig ist es wiederum, niemanden unter Druck zu setzen. Denn letztlich noch wichtiger, als ein Bild zu haben, ist es, dabei den Kontakt zum eigenen Atem zu knüpfen und zu halten. Nicht allen steht die Imagination im Moment abrufbereit zur Verfügung. Aber über die bewusste Atmung ist für alle ein Schritt in diese Richtung möglich. Und die Übung kann ja zum Glück wiederholt werden. Jede und jeder kommt dran. Die Klasse erlebt jeden Mitschüler auf eine nahbare, entschleunigte Weise. Denn zunächst muss Valentina, wenn sie vor den anderen steht, ihre Füße spüren, und das Gewicht ihres eigenen Körpers. Wenn sie solchermaßen ruhig dastehen kann, dann lässt sie das Bild langsam auf sich zukommen. Was es wohl sein wird? Ein schemenhafter Anflug von einem Raben? Ein Schatten? Valentina hat genug imaginiert. Sie öffnet die Augen wieder und sagt:

VALENTINA: *„Es war einmal – ein schwarzer, schwarzer Rabe, über dem ein großer Schatten schwebte."*

Alle haben es gehört. Alle konnten etwas miterleben durch die innere Intensität der Mitteilung. Wir sind gespannt, wer was als Nächstes nennen wird.

IDEE: In Ruhe ein inneres Bild aufsteigen lassen und dieses dann – mit oder ohne Details (ein Adjektiv, eine adverbiale Bestimmung oder ein kurzer Relativsatz) nennen; dabei Imagination, Atem und spontan gesprochenes Wort verknüpfen.

ASPEKTE: Atem sensibilisieren • Stehvermögen • allgemeine Sublimierung – Persönlichkeit erkunden • imaginieren • zuhören • Mut • Ruhe • sich selbst zuhören • inneres Bild • Respekt.

SCHRITTE: Zimmerbühne einrichten • Immer nur eine Person tritt auf – imaginiert, spricht aus und geht wieder ab • Jeder kommt der Reihe nach dran • Zeit nehmen • Augen schließen.

ZIEL: Jede, jeder sollte einen Versuch unternommen haben, ein inneres Bild zu entwickeln und auf Basis dieses inneren Bildes einen Satz im Sinne der Spielregel zu artikulieren.

ALTER: Ab Klasse 8.

DAUER: Bis alle dran gewesen sind; der Atem braucht Zeit.

EINSTIEG: Sie machen die Übung einfach vor und ziehen damit die Aufmerksamkeit auf sich.

Noch ein Hinweis: Das Spiel eignet sich eher für den Beginn eines Unterrichts oder zum Methodenwechsel innerhalb einer Stunde, aber nicht für die berühmten letzten fünf Minuten.

Sp 19

3.6 Sinneseindrücke teilen

Die Klasse sitzt im Arrangement „Tisch für Tisch". Sie teilen jeder Schülerin eine Kopie der „Erinnerungspartitur" (S. 44; ggf. auf DIN A3 kopieren) aus. Anhand der auf diesem Mitmachblatt angebotenen Erinnerungsorte und Sinneswahrnehmungen wählen Ihre Schüler einen persönlich bedeutsamen Erinnerungsort. Selbstverständlich dürfen sie das Blatt auch nur als lose Anregung auffassen, um zu anderen Orten ihrer Erinnerung oder Wünsche zu gelangen. Am Ende der stillen Vorbereitung wäre es gut, wenn jeder einen Satz anbieten könnte nach dem Muster:

CEYLIN: *„Ich gehe barfuß über heißen Sand."*
KIM: *„Ich rieche Kaffee ..."*
TOM: *„Ich streiche mit der Hand über ein verpacktes Geburtstagsgeschenk."*

Bevor es losgeht, nimmt jede und jeder den eigenen Stuhl (die Blätter bleiben auf den Tischen zurück) und hilft, ein „Rückenkino" herzurichten. Aylin nimmt auf dem hintersten Stuhl, dem „Sitz des Filmvorführers", Platz. Sie schließt die Augen, holt sich die Erinnerung an den letzten Urlaub am Meer zurück – und lässt dann ihren Satz los, spricht ihn in den Rücken ihrer Klassenkameradinnen und Mitschüler.

CEYLIN: *„Ich gehe barfuß über heißen Sand."*

Dann steht Ceylin auf, tippt auf die Schulter von Tom. Sie wechseln die Plätze – und Tom darf seinen Satz vollmundig und lautintensiv von sich geben.

Abb. 16: Ein kostbarer Moment: ganz Ohr sein, die Augen haben Pause.

IDEE: Zuhören • Erinnerung • Authentizität und Fiktionalisierung • Bild wird Wort • Respekt • Mut • Sublimierung • Biografie • ich und du.

ASPEKTE: Zuhören • wörtliche Bilder gestalten • call and response • Spaß • Gemeinschaft.

SCHRITTE: Tisch für Tisch beginnen • mit der Erinnerungspartitur einen eigenen Erinnerungssplitter schöpfen • Erinnerung in Ich-Satz überführen • Rückenkino einrichten • Jede, jeder kommt dran • vom hintersten Stuhl aus Satz aussprechen • wirken lassen • dem Nächsten den Platz freigeben.

ZIEL: Alle kamen dran.

ALTER: Ab Klasse 5.

DAUER: Etwa 12 Minuten bei 25 Teilnehmern.

EINSTIEG: Sie steigen direkt ein: „Bitte, seid mal eben leise, ich rieche was ..." Sie schließen die Augen, lassen die Erwartung anwachsen, lassen das Bild vor Ihrem inneren Auge entstehen und sagen: „Ich rieche das Meer ..." etc.

VARIANTE: Die Vorstellungen dürfen sich mittels Fantasie ins nicht mehr Machbare steigern:

BENNY: *„Ich segle mit Flugsaurierschwingen über den Mond hinweg."*

Hier gilt es, sich so verrückte innere Vorstellungen zu erlauben, wie man will, und sie zudem mit Artikulationsfreude zu gestalten – gern auch flüssiger als in der vorigen Übung.

MARVIN: *„Ich purzle einen Mammutbaumstamm hinunter!“*

Die Übung hat ein natürliches Ende, wenn die albernen Kräfte in der Klasse das Spiel entern. Das ist dann auch in Ordnung so.

INTENSIVIERUNG: Anstelle von „Ich sehe“, „Ich schmecke“ heißt es nun „Horch!“, „Schau!“

COLIN: *„Horch – ein Säbelzahntiger!“*
AMILA: *„Horch – eine Primel ...!“*

Sp 20

3.7 Laute der Heimat – Laute der Ferne

Abb. 17: Zettel und Stift beschwören einen Ort hinauf.

Menschen sind wortsensibel – spätestens, wenn es um ihre Herkunft und um ihre Sehnsüchte geht. Darum stehen in dieser Übung real existierende Orte im Mittelpunkt: ein Urlaubsziel, mit welchem eine Schülerin sehr viele schöne Erinnerungen verbindet. Oder der Name einer Straße, in der ein Schüler wohnte, als er noch in den Kindergarten ging. Alle diese Namenwörter sind autobiografische Musik in den Ohren ihrer Sprecherinnen und Sprecher:

LUCA: *„Bad Cannstatt!“*
LEONIE: *„Rügen!“*
MARC: *„Belgrader Straße!“*

Das bedeutsame, substanzielle Sprechen ist in dieser Übung überraschend schnell herstellbar. Achten Sie doch einmal darauf, wie ernst und wie schön oder auch wie ausdrucksstark die Gesichter Ihrer Schülerinnen und Schüler werden, wenn Sie sie dazu bringen, sich hier als Rhapsodinnen und Rhapsoden ihrer eigenen Geschichte zu zeigen.

IDEE: Die Namen persönlich wichtiger Orte einander mitteilen; auf respektvolle Weise Momente authentischen Sprechens hervorrufen.
ASPEKTE: Atem • zuhören • sich besser kennenlernen • Respekt • Ich • Biografie • von sich erzählen.
ZIEL: Alle kamen dran.
SCHRITTE: Spiel einführen • im Arrangement „Tisch für Tisch“ still den eigenen Beitrag ersinnen • Arrangement „Rückenkino“ einrichten • Jeder kommt der Reihe nach dran • Alle nehmen sich die Zeit: Augen schließen, wieder öffnen, Luft holen, ruhig und klar den persönlichen Ort aussprechen.
ALTER: Ab Klasse 5, bedeutsamer ab Klasse 7.
DAUER: Je nach Klassenstufe: Je höher, desto mehr Gewicht bekommen die Beiträge und entsprechend länger dauert die persönliche Vorbereitung.
EINSTIEG: „Wisst ihr eigentlich, wo ich herkomme? Ich sag‘s euch in einem Wort: ...“ Oder: „Wisst ihr, wo ich gerne einmal wäre, wo ich gern einmal hinreisen würde? Ich sag‘s euch in einem Wort: ...“

VARIANTE 1: Anstelle von erinnerungsvollen Namen können Sie eine Runde lang auch Ortsnamen wählen lassen, mit denen Sehnsüchte nach zukünftigen Reisen verknüpft sind, Orte, an die Ihre Schülerinnen und Schüler gern einmal reisen würden:

FINN: *„Las Vegas!“*
MARVIN: *„Schweden!“*
SERENA: *„Südafrika!“*

VARIANTE 2: Die Klasse sitzt oder steht im Cypher und feiert die klingenden Namen von Orten auf dieser Welt. Einer wirft den ersten Namen als Frage in den Ring:

DAVID: *„Und in Thailand?“*

Luca sitzt oder steht neben David und hat die dankbare Aufgabe, den aufgerufenen Namen einfach noch einmal zu skandieren:

LUCA: *„In Thailand ...“*

Jetzt sind alle dran – Vorsicht, nicht grölen, sondern die Vokabel in die Luft heben:

ALLE: *„Thailand!“*

Sindos sitzt oder steht neben Luca. Sie hatte ein paar Augenblicke Zeit, seit David den Namen „Thailand“ ausrief. Sie schließt „Thailand“ ab und ruft das nächste „Wortbad“ auf:

SINDOS: *„In Thailand – fällt ein Sack Reis um. Und in Kambodscha?“*
ELIONA: *„In Kambodscha ...“*
ALLE: *„Kambodscha! ...“*
FREDERIKE: *„In Kambodscha blüht eine Orchidee rot. Und in der Südsee?“*
ANTONIA: *„In der Südsee ...“*
ALLE: *„Südsee!“*
CEYLIN: *„In der Südsee, da ...“*

Sp 21

3.8 Wir „trippeln", wir „trippeln"!

Abb. 18: Gerade Bewegter Unterricht beginnt mit dem ersten Schritt.

Es war in Bad Lobenstein auf den Höhen des Thüringer Walds, und ich war auf Schultournee. Eine Turnhalle voller Mittelstufenschülerinnen und -schüler, morgens, 7:50 Uhr. Sitzend, schauend, steif. Etwa 200 auf Stühlen abgesetzte Körper mit Gliedern und Köpfen. Eine Bildungssituation? Zunächst eher eine Verlegenheit mit vielen Unbeteiligten. Nach Meinung der Veranstalter sollte sich mein Gastspiel für die Schule eben so richtig lohnen. Also waren wir viele. Es war früh, und es stellte sich die Sinnfrage: Was wollen wir alle hier zu dieser Uhrzeit voneinander? Da bat ich mein Publikum, sich mit mir zusammen wach zu machen – und sich zu bewegen. So wurde diese Übung erfunden.

Einer steht vor der Gruppe und gibt ein vollmundig artikuliertes Signal:

MARLEEN: *„Ich – t r i p p l e , ich t r i p p l e !"*

Dieses „t r i p p l e" führt Marlen zeitgleich mit ganzem Körper aus. Sie aktiviert ihre Füße, bringt sie zum Trippeln, die Schülerin „wird" zu diesem Trippeln. Die anderen hören und sehen Marleen zu – und übernehmen ihren Impuls. Sie und Ihre Klasse wiederum trippeln jetzt auch und antworten:

ALLE: *„Du t r i p p e l s t ! Du t r i p p e l s t !"*

Was die Übung bezwecken soll? Sie besiegt die gelegentlich eintretende allgemeine Lethargie der Körper und der Sprechwerkzeuge! Es geht im Cypher am besten wild und überraschend zu. Und nicht vergessen: Zur ausführenden Bewegung gehört das Sprechen und umgekehrt. Es herrscht Vollbeschäftigung.

SIE: *„Ich sch l ei ch e , ich sch l ei ch e ..."*
KLASSE: *„Sie sch l ei ch t , sie sch l ei ch t – Wir sch l ei ch e n , wir sch l ei ch e n ..."*

Ein Setting wie dieses lebt von Ihrem guten, subversiven Vorbild: Unterlaufen Sie die Erwartungen, die eine Schulklasse über ihre Lehrkräfte hegt. Impulsieren Sie aus freien Stücken den Cypher, bis sich die Kinder und Jugendlichen trauen, ebenfalls aus sich herauszugehen.

Noch ein Hinweis: Bewegungsvokabeln wie „sägen", „schnitzen" oder „manschen" können und müssen logischerweise nur gestisch ausgeführt werden. Wo wohl die Grenze zu den nicht mehr gestisch darstellbaren Bewegungen verläuft?

Falls Ihren Schülerinnen und Schülern keine Wörter zu diesem Wachmacher einfallen, händigen Sie ihnen das Aktivblatt auf Seite 45 aus. Die Bewegungsverben auf dieser Mitmachpartitur werden sich Ihre Schülerinnen und Schüler garantiert einverleiben – genau daraus besteht schließlich das Spiel.

<u>IDEE:</u> Vollumfänglich wach und aktiv werden, indem Bewegungsverben vollmundig artikuliert – und von der dazugehörigen körperlichen Bewegung begleitet werden.

<u>ASPEKTE:</u> Atem holen • sich bewegen • zuhören • sich spüren • Gemeinschaft • Responsorik • alle Sinne aktivieren • Freude • Wortschatz.

<u>SCHRITTE:</u> Kreis zum Stehen und Bewegen in der Mitte des Raumes einrichten • Cypher beginnen • Es geht nicht der Reihe nach, sondern durcheinander • Eine gibt vor • Die Gruppe spricht im Echo nach • Spontane Einwürfe als Vorschläge zum Nachsprechen sind willkommen • Quatschbeiträge wann immer möglich produktiv integrieren.

<u>ZIEL:</u> Alle wurden wach und fröhlich und haben 20 – 40 Sätze mit vollem Mund artikuliert.

<u>ALTER:</u> Ab Klasse 5 ohne Limit.

<u>DAUER:</u> Etwa 5 Minuten.

<u>EINSTIEG:</u> „Leute, ich habe heute zu lang schon gesessen, und ich weiß es: Auch ihr braucht Bewegung ..."

3.9 Nie werde ich den Satz vergessen!

Sp 22

JOLEEN: *„Nie werde ich den Satz vergessen, als sie sagte: ..."*

Joleen hat schon mal drauflosgesprochen – das ist sie seit den Spielen in Kapitel 2 schon gewohnt –, aber nun zieht sie, bevor sie weiterspricht, ein Kärtchen vom Stapel. (Zum direkten Losspielen können Sie die Vorlage auf Seite 46 nutzen und die ersten 21 Kärtchen basteln.) Joleen liest, was draufsteht. Ein Mitschüler hatte den Satz „Wasch dir die Füße!" daraufgeschrieben. Joleen blickt in die Runde und löst die von ihr erzeugte Erwartungsspannung auf:

JOLEEN: *„... als sie sagte: ‚Wasch dir die Füße!'"*

Joleen hat den Spielsatz „Nie werde ich den Satz vergessen" also einfach begonnen – und sich dann vom Inhalt des Kärtchens überraschen lassen. So kann jede und jeder auch einen Satz ziehen und sich einen vollmundigen Spaß erlauben.

Die Überraschung und zugleich der performative Anspruch wird gesteigert, wenn der jeweilige Kolporteur das Wort für „sagen" durch ein vielsagendes Synonym ersetzt:

LAURIN: *„Nie werde ich den Satz vergessen, als er flüsterte: ‚Wartest du auf mich?'!"*
TIMON: *„Nie werde ich den Satz vergessen, als der Polizist rief: ‚Ich lass ma' fünfe jerade sein.'"*

Klar, dass die einzelnen Teile dieser automatisierten Satzproduktion gern unpassend aufeinanderprallen, zur Belustigung der ganzen Runde. Sie achten darauf, dass die Sätze von den Kärtchen dennoch frei und mit Verve sowie mit spezifischem Ausdruck vorgetragen werden.

IDEE: Einen vermeintlich unvergesslichen Satz mit Augenzwinkern vollmundig zum Besten geben und durch plastische Aussprache das Zuhören im Kreis trainieren und belohnen.
ASPEKTE: Erzählhaltung • vollmundig sprechen • Atem • zuhören • Spaß • improvisieren • Artikulation • Menschenkenntnis.
SCHRITTE: Kärtchen ausschneiden/schreiben und stapeln • Cypher herstellen • nacheinander vollmundig beginnen • je 1 Kärtchen ziehen • Inhalt des Kärtchens spontan erfassen • vollmundig aussprechen • statt „sagte" Synonyme verwenden.
ZIEL: Jede und jeder hat einen Satz kolportiert.
ALTER: Ab Klasse 5.
DAUER: Etwa 8 Minuten.
EINSTIEG: Sie bieten einen Schwank aus Ihrem Leben, in dem ein „unvergesslicher" Satz tatsächlich vorkam. Sollte Ihnen keiner einfallen, dann erfinden Sie einfach einen.

Sp 23

3.10 Alles aus dem „Sch"

Abb. 19: Alltagssensation: Sprache erfüllt den Raum.

Eine Cypher-Übung. Alle sitzen aufrecht im Stuhlkreis. Anna darf sich einen Laut wünschen. Sie möchte gern das „Sch" produktiv machen. Also atmet die Klasse gemeinsam tief ein – und intoniert ein chorisches ALLE: *„Sch-sch-sch-sch …"*

Das „Sch" soll nicht vorzeitig abreißen, darum atmet jeder nach seinem Bedürfnis nach. Annas Mitschüler denken sich, während sie den Laut „Sch" von sich geben, im Stillen ein Wort mit „Sch" aus: Wörter wie „Schaum", „Schlüssel" oder „Schuh". Das „Sch" darf ruhig auch in der Mitte des Wortes vorkommen wie in „Asche", „Rushhour" oder „Muschel", oder es kann am Wortende stehen, wie in „Marsch", „Quatsch" oder „Tusch".

Jetzt steht Lana als Erste auf, stellt sich in die Kreismitte und zeigt auf sich. Die Klasse weiß nun, dass sie das „Sch" nicht zu laut werden lassen soll. Lana sagt:

LANA: *„Kutsche …"*

und stellt sich auf die imaginäre Linie des Kreises, der sich im Stehen mit der Klasse bilden lässt. Als Nächstes traut sich Helena in die Kreismitte, zeigt ebenfalls auf sich selbst, zischt in die Runde:

HELENA: *„Kuschkusch!"* …

und stellt sich auf die Kreislinie. So lauschen die Mitschüler den einzelnen Wortmeldungen und sind zugleich selbst aktiv angefragt, das kollektive „Sch …" am Leben zu halten. Ein halbes Dutzend Schülerinnen und Schüler steht mittlerweile auf der Kreislinie; das chorische „Sch-Wesen" wächst heran. Da ergreifen zwei aus dem Sitzkreis, Enser und Dorj, die Initiative. Sie verständigen sich über Blicke, schauen sich gegenseitig auf die Münder, um zu erkennen, welchen neuen Laut, sie gleich anstelle des „Sch …" in die Luft setzen wollen. Enser stellt die Zähne seines Oberkiefers auf die Unterlippe, sodass die Zähne sichtbar werden. Dorj hat verstanden: Enser meint wohl den Laut „W" oder das „F".

Die beiden entern die Kreismitte, schauen ihren Mitschülerinnen und Mitschülern in die Augen und lassen die Klasse das „W" von ihren Lippen ablesen, mit gespitzten Ohren erfassen. Nach und nach setzt sich die neue Information durch: „W" statt „Sch".

ALLE: *„Sch-sch-sch-w-w-w-w-w-w-w-w …"*

Bald heben sich Wörter wie „Wald", „Werwolf" und „Was?" aus dem akustischen Bett der „W"s – bis die nächsten beiden in den Kreis treten, um das „M", das „B" oder das „O" zu etablieren.

IDEE: Einen Laut gemeinsam zum Klingen bringen. Auf diesem Klang einzelne Wörter mit demselben Laut improvisieren und dabei ganz gegenwärtig und wach werden.
ASPEKTE: Atem • Mundwerkzeuge • hören • zuhören • Spontaneität • Gruppendynamik •

chorisches Bewusstsein • Spaß • Improvisation • Intuition.

SCHRITTE: Stuhlkreis einrichten • Alle sitzen • Einer gibt den ersten Laut vor • Im Sitzen wird der Laut chorisch zum Klingen gebracht und aufrechterhalten. • Einzelne stellen sich in die Kreismitte und haben ein „Solo“ für die Dauer ihres eingebrachten Wortes • Zwei Schülerinnen bzw. Schüler sprechen sich stumm ab und bringen einen Lautwechsel • Die Klasse setzt sich und übernimmt den neuen Laut • Wieder stehen Einzelne auf und intonieren ein Wort, in dem der neue Chorlaut eine Rolle spielt.

ZIEL: Jede, jeder hat ein Wort eingebracht. Drei Mal hat der Laut gewechselt.

ALTER: Ab Klasse 5.

DAUER: Etwa 5 Minuten.

EINSTIEG: Einen Laut in die Mitte der Tafel schreiben und Wörter darum gruppieren, die von diesem Laut geprägt sind.

VARIANTE: Alle stehen von Beginn an im Kreis. Die entsprechenden Wortangebote werden ebenfalls in der Kreismitte gemacht. Soll der „Mutterlaut“ wechseln, so muss der neue Laut von der Kreislinie aus lauschend erfasst und etabliert werden (einer setzt ihn, eine zweite nimmt ihn auf und verstärkt den Laut usw.).

Sp 24

3.11 „Bravo – Charlie“

Für Olli Krimmel

Das Deutsche Institut für Normung hat unter der Ziffer DIN 5009 u. a. geregelt, wie die Lettern des deutschen Alphabets bei Telefonaten zweifelsfrei stimmlich-akustisch übermittelt werden können. Die Buchstabiertafel listet folgende schöne Vokabelliste auf:

MESUCAN: *„A – Anton, Ä – Ärger, B – Berta, C – Cäsar, Ch – Charlotte, D – Dora, E – Emil, F – Friedrich, G – Gustav, H – Heinrich ...“*

Ihnen ist auch die internationale Variante, die ITU-Buchstabiertafel, bekannt, die von den Fluglotsen, von der NATO u. a. Institutionen verwendet wird:

ANGELINA: *„A – Alfa, B – Bravo, C – Charlie, D – Delta, E – Echo, F – Foxtrot ...“*

Was für die reibungslose Kommunikation in der geschäftigen Welt ersonnen wurde, dient uns als Ausgangspunkt für vollmundiges rhapsodisches Lautieren. Ohne eine dieser Buchstabiertafeln auswendig zu lernen oder korrekt anzuwenden, bewegen wir uns bald auf eigenen Pfaden des Buchstabierens.

CHRIS: *„... T – Tanzstunde, U – U-Bahn, V – Vandalismus, X – X-Chromosom ...“*

Zu dritt sitzen wir da. Nehir stellt Kerem eine Buchstabieraufgabe. Kerems orthografische Kenntnis – oder Kreativität – ist ebenso gefragt wie seine Bereitschaft, aus dem persönlichen Wortschatz Vokabeln einzubringen, die unsere Aufmerksamkeit erhöhen:

NEHIR: *„Kerem, buchstabiere mir ‚Nasenring‘!“*
KEREM: *„Kein Problem: ‚Nudel – Affe – Sahne – eklig – nackt – reich – igittigitt – Nase – Gully‘.“*

Die Übung stellt eine zweifache Anforderung dar und steht auf der Kippe zwischen einer Sprech- und einer Erzählübung: Indem sich Kerem auf die Buchstaben des Wortes „Nasenring“ konzentriert, kann es ihm leicht passieren, dass er die Lautgestalt seiner Wortangebote vernachlässigt. Deshalb sitzt neben Nehir und Kerem noch Sarina und achtet neben der korrekten Wiedergabe der Schriftform des Wortes auch darauf, ob Kerems Vortrag sie sprecherisch überzeugt.

SARINA: *„Alles richtig, Kerem, aber du hast ziemlich schlampig gesprochen, gleich noch mal.“*

IDEE: Wörter gegenseitig buchstabieren und dabei die zu verwendenden Buchstaben mit frei gewählten Wörtern dieses Anlauts spontan – und vollmundig – verbinden.

ASPEKTE: Improvisieren • vollmundig • Wortschatz • Atem • zuhören.

SCHRITTE: Zu dritt zusammengehen • Duden (und Stoppuhr, siehe Variante) bereithalten • Rollen verteilen: Auftraggeberin, Buchstabierer, Kontrolleurin • Rollen wechseln.

ZIEL: In den Spieltrios hat jeder jede Funktion ausgeübt.

ALTER: Ab Klasse 5.

DAUER: Etwa 5 Minuten.

EINSTIEG: „Bitte gebt mir mal ein Wort, das ich für euch buchstabieren soll!“

VARIANTE: Wem die Wörter spontan fehlen oder wer im Spiel nicht gleich weiß, ob die Schreibweise stimmt, der darf den Duden zur Hand nehmen. Die dritte Spielerin (Schiedsrichterin) nimmt die Zeit: Das Nachschlagen darf nicht länger als 60 Sekunden dauern.

Sp 25

3.12 Mein A und O

Ich bin das Alpha und das Omega, spricht Gott, der Herr, der ist und der war und der kommt, der Herrscher über die ganze Schöpfung.
Offenbarung des Johannes 1,8

Diese Sprachformel aus der biblischen Offenbarung des Johannes wird bis heute verwendet, wenn etwas umfassend, in seiner Ganzheit dargestellt werden soll:

„Das A und O für einen Urlaub am Strand sind eine hochwertige Sonnencreme und ein gutes Buch."

Für junge Menschen in der Sekundarstufe gilt: Nichts ist umfassender als ich, mit meinen Gefühlen, Erfahrungen und Meinungen. Und diese Übung geht sprechpädagogisch damit um:

AMILA: *„Mein H und B, das sind mein Handy und mein Bett."*
NICOLAS: *„Mein A und P, das sind mein Aquarium und meine Play-Station."*

Auch hier sind die gefundenen und mitgeteilten Wörter an sich schon willkommen. Aber es geht immer auch darum, dieses Bekenntnis des persönlichen Lebens vollmundig zu artikulieren. Denn je freizügiger die Wörter ausgesprochen werden, desto mehr hören die anderen hin, desto sinnlicher gerät die Übung.

IDEE:	Aus dem biblischen „A und O" wird ein aus den Dingen des persönlichen Lebens gerahmtes Statement als Anlass für wertschätzendes intrinsisches Sprechen.
ASPEKTE:	Sich kennen • sich zeigen • zuhören • Atem • Intuition • Hendiadioyn.
SCHRITTE:	Sich in Fünfergruppen oder im Cypher zusammenfinden • Es geht im Kreis herum.
ZIEL:	Alle haben sich in ihrer Gruppe zwei Mal geäußert.
ALTER:	Ab Klasse 7.
DAUER:	Etwa 5 Minuten.
EINSTIEG:	Sie geben ein Beispiel aus Ihrem persönlichen Alltag.

Sp 26

3.13 „Ost" – wie „West"

Für Anni Ost

ANNEMARIE: *„,Ost' … ja, einfach ,Ost' – wie ,West'."*

Als Kind habe ich meine Patentante diesen Satz manche Male sagen hören, wenn sie sich am Telefon mit jemand Unbekanntem unterhielt. Ihr Nachname „Ost" ist ja an sich schon prägnant und nicht schwer zu behalten, sollte man meinen.

Ich habe mir die Strategie meiner Tante gemerkt – und für eine Übung nutzbar gemacht. Wie könnte ein Nachname am Telefon einem Fremden, einer unbekannten Person gegenüber noch eindeutig erklärt und vereindeutigt werden?

ELIAS: *„,Berger' wie …"*
GEORGIOS: *„,Hügel'. ,Abramowski' wie …"*
MATILDA: *„,Abrakadabra'. ,Nothhelfer' wie …"*
ERAY: *„,Sanitäter'."*

Die Spielerinnen und Spieler sind völlig frei darin, *wie* sie auf den ihnen angetragenen Nachnamen antworten wollen. Was auch immer den Mitspielerinnen und Mitspielern für eine Assoziation kommt – die erstbeste taugt. Denn es geht nicht um irgendeine absurde Form von Korrektheit, sondern um das plastizierende Aussprechen funkelnder Vokabeln mit Lippe, Zunge, Gaumen, Fantasie, Humor und Mut.

YUSUF: *„,Aydemir' wie …"*
BENI: *„,Eideidei'. ,Schmidhuber' wie …"*
MARVIN: *„,Schindluder'. ,Tullio' wie …"*
CAROLINE: *„,Schnulli', nur mit ,Sch'."*

Rhapsodisch wird die Übung, wenn die Teilnehmenden anfangen, ihre Einfälle zu zelebrieren, als wären es Pralinen, in einer glitzernden Schachtel feilgeboten.

Noch ein Hinweis: Die eigenen Nachnamen, diejenigen der Klassengemeinschaft und die Nachnamen der Lehrerinnen und Lehrer sind nicht tabu, aber das Spiel kann dadurch korrumpiert werden, wenn ein sehr gut bekannter Name aus dem Moment heraus verunglimpft wird. Das ist ein Restrisiko. Im Rahmen des Spiels herrscht Sprecherschutz: Wer sich verbal vertan hat – Hinweis geben, Schwamm drüber und weiterspielen.

IDEE:	Reale und erfundene Nachnamen werden mit einem anderen Wort scheinbar oder tatsächlich geklärt.
ASPEKTE:	Erfindung • zuhören • Spaß • assoziieren • Spontaneität • Performance • Lautsensibiliät • Sprachgefühl.
SCHRITTE:	Fünfergruppen bilden • Einer fängt an • Es geht reihum.
ZIEL:	Alle haben sich freudig wach- und freigesprochen.
ALTER:	Ab Klasse 5.
DAUER:	Etwa 5 Minuten.
EINSTIEG:	Sie assoziieren in einem vorgespielten Telefongespräch ein paar kühne klangliche Verknüpfungen zu Ihrem eigenen Namen. „Ja, hier Brunke. ,Brunke' wie ,Funke'. ,Brunke' wie ,Brust' oder wie ,Hillibilli', nur anders. Wiederhören!"

VARIANTE: Die Nachnamen werden zuvor auf Kärtchen gesammelt und dann einzeln umgedreht.

Name ______________________ Datum ______________________

Den eigenen Mund wachküssen: Die Mundhöhle geht auf

Sp 14

Die Vokallaute werden mit geöffnetem Mund gebildet. Timo Brunke zeigt euch, wie.

Steckt euch gegenseitig an – und habt keine Scheu vor Grimassen: Sprechen ist Sport!

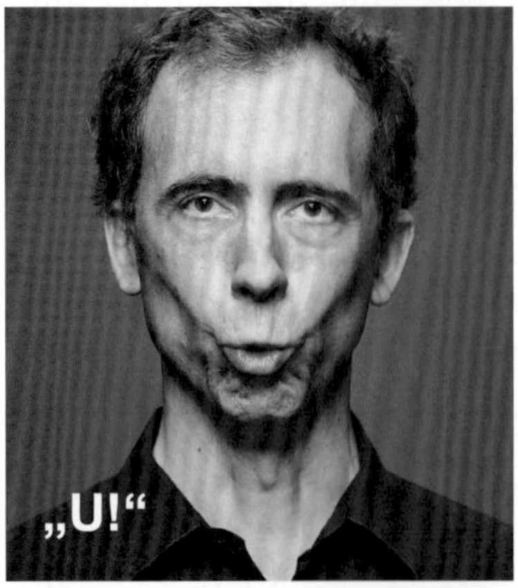

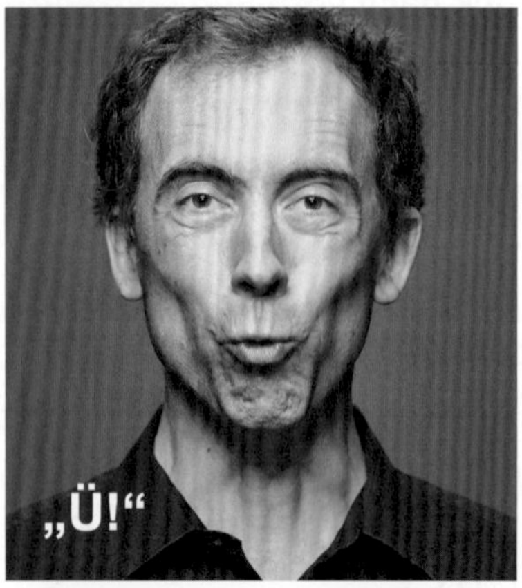

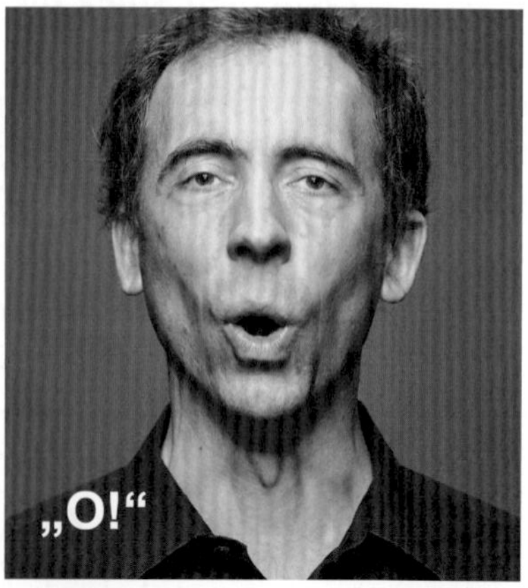

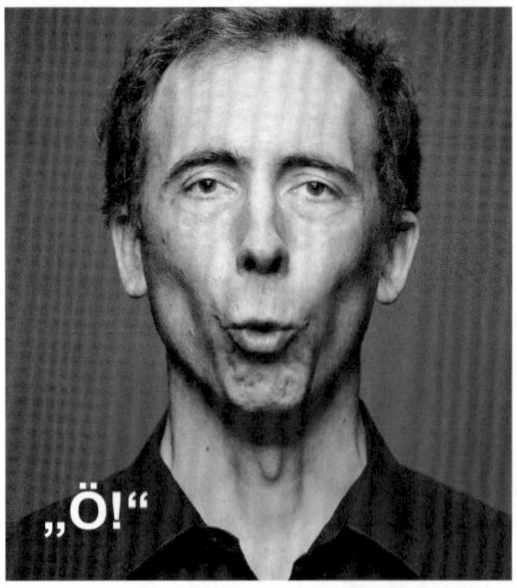

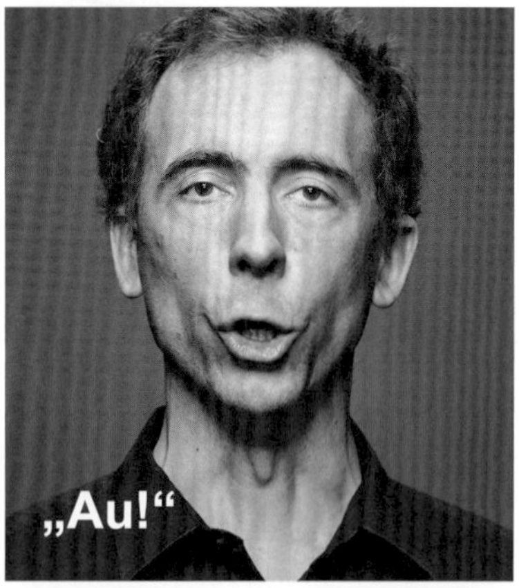

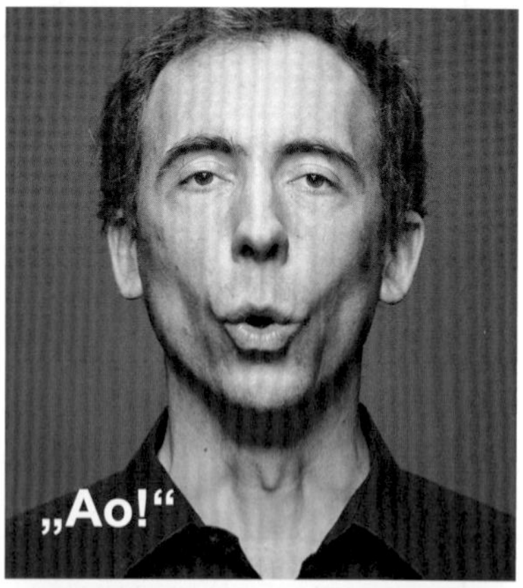

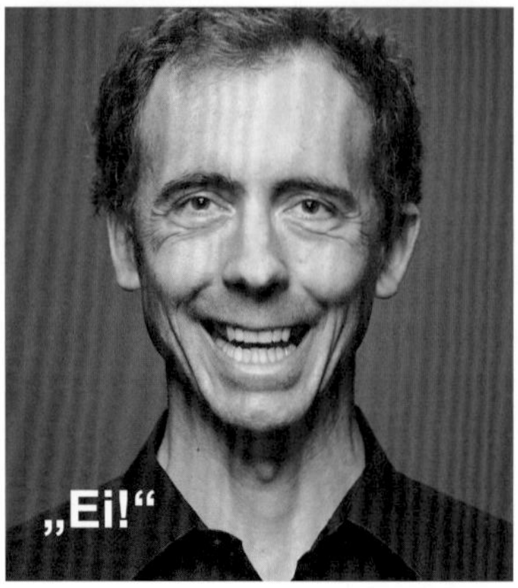

Name ______________________ Datum ______________________

Dimensionieren

Bitte ergänzt die Kärtchen durch eure Vorschläge.
Schneidet die Kärtchen aus und kombiniert sie miteinander.
Lautiert und gestaltet die spannendsten Pärchen vollmundig. Viel Spaß!

Kätzchen	Esszimmertisch	zuckersüß	langatmig
Apfelsaftschorle	Ungetüm	abscheulich	düster
Bergmassiv	Saloon	verbittert	adrett
Hausordnung	Spatz	lecker	wonnig
Schaukel	Yacht	kurz	unschuldig
Sumpf	Pampelmuse	eklig	feinfühlig
Klunker	Uhu	riesengroß	überempfindlich
Justizpalast	Labyrinth	getupft	gammelig
Kakadu	Säugling	zackig	abgründig
Freibad	Seifenblase	gleißend	gemütlich
Feuer	Kackhaufen	proppenvoll	hibbelig
Blumenwiese	Gewitter	hinterhältig	glasklar
Vergnügungspark	Krimskrams	wieselflink	hitzig
Durcheinander	Welle	apart	akkurat
Ozean	Chaos	bärenstark	gepflegt
Stricknadel	Krümel	geschmeidig	tückisch
Kriegsschiff	Gaststube	ruppig	zwiespältig
Komposteimer	Sushi	standhaft	staatstragend

Name ____________________ Datum ____________________

Sp 19

Erinnerungspartitur

Ceylin erinnert sich an einen für sie wichtigen Ort und sagt: „Ich gehe barfuß über heißen Sand."
In der Erinnerungspartitur unten findest du einige Erinnerungsorte und Sinnesorgane.

Tippe mit dem Finger auf ein Feld und lass eine Erinnerung aufsteigen. Was tust und fühlst du dort? Du kannst frei entscheiden: Wählst du aus der Partitur oder nimmst du einen eigenen Ort, eine andere Empfindung? Viel Spaß!

Name ______________________ Datum ______________________

Sp 21

Wir trippeln, wir trippeln

Welche Bewegung führst du aus? Sprich es ausdrucksvoll in den Kreis. Die anderen nehmen deinen Impuls auf. Der ganze Körper ist beteiligt – und der ganze Mund! Viel Spaß!

stapfen
GONDELN
trudeln
wandeln
st.ie.fe.l.n
radeln
trotten
schrumpfen
galoppieren
WATSCHELN
pilgern
sch.-eu.-ch.-en
ragen
hinken
weichen
TRAMPELN
schlurfen
krabbeln
wachsen
marschieren
zuckeln
stromern
STARREN
stolzieren
rempeln
drehen
drehen
rücken
strotzen
wandern
schlaPPen
staksen
wa -ll- en
trippeln
WACKELN
tragen
schleichen
waten
kurven
eiern
bugsieren
schreiten
stampfen
schlenkern
spazieren
stelzen
schlängeln
krebsen
latschen
h-üpf-en
T.R.O.T.Z.E.N
p.eitsch.en
humpeln
zaudern
schlottern
schnellen
sausen –
tippeln
husch-en
laufen
spr---i---ngen
schweifen
stolpern
st.e.mm.en
wackeln
stoßen
schieben
rudern
BUMMELN
schlendern
SCHLURKEN
schubsen
Tänzeln
g-l-e-i-t-e-n

Name ____________________ Datum ____________________

Sp 22

Nie werde ich den Satz vergessen!

Schneidet die Kärtchen aus und fügt eigene Sprüche auf weiteren Kärtchen hinzu.

“Et kütt wie’d kütt!”	„Dieser Fleck geht niie wieder raus!“	„Meine Schildkröte ist soo einsam ...“
„Ich ruf dich gleich wieder an!“	„Bisch du bleed?“	„Kuckuck! – Dadda!“
„Hallo erst ma’“	„Himpelchen und Pimpelchen, die ...“	(„Huui –“)
„Wollen wir Freunde sein?“	„Nur kurz, klar?“	« Nu’ brat mir doch einer ’nen Storch! »
„ALSO: Anno dunnemals ...“	„Kakadukacke!“	„Hallo Schweinfurt!“
„Das macht mich total crazy!“	„Bleib doch noch!“	„Ņå-ņå-ņå.“
„Jetzt noch mal schöööön der Reihe nach: ...“	„Aus, vorbei und Pustekuchen!“	„Hau bloß ab!“

4 Rhapsodisches Sprechen

Achtung, Kunstgebiet:
Ab hier wird es ernst
mit dem Spiel!

Sie werden sich vielleicht fragen, warum ich diesen Teil nicht einfach mit „Gedichte rezitieren" überschrieben habe. Schließlich schildere ich hier, wie Sie und Ihre Klasse sich poetische Texte sprechend aneignen können. Um den anfänglichen Gedanken, Schüler und Schülerinnen mittels schöpferischer Mündlichkeit „zum Leuchten" zu bringen, wieder aufzunehmen: Der Hauptgegenstand sind hier nicht die literarischen Texte, sondern hier geht es mir darum, darzustellen, wie Sie und die Ihnen anvertrauten Kinder und Jugendlichen das persönliche Verhältnis zu ihrer Sprache vertiefen können. Mithilfe von Gedichten können sich Ihre Schülerinnen und Schüler im bedeutsamen Sprechen üben. Wenn es ihnen gelingt, die hier angebotenen überlieferten Versgedichte imaginierend und mutig-vollmundig „zu ersprechen", dann lernen sie, im Umgang mit diesen Wortkunstwerken zu Aussagen vorzudringen, die weit über das Alltagsmaß an Substanz, Tiefe, Komplexität, kritischem Bewusstsein, aber auch an Witz hinausreichen. Sie docken mit ihrem jungen Geist an den kulturellen, zivilisatorischen Strom der Vergangenheit an. Sie setzen sich in Beziehung zu Themen, die im gemeinschaftlichen und gesellschaftlichen, aber auch im Leben des Einzelnen bestimmend sind.

Die These des Rhapsodischen Sprechens lautet: Texte werden erst dann vollends verständlich, wenn sie verkörpert werden. Damit meine ich nicht, dass die Gedichte massiv durch Gesten und Mimik unterstützt werden sollen, sondern die Sprecherin, der Sprecher soll den erwählten Text „als ganzer Mensch", d. h. mit Körper, Seele und Geist, vertreten. Ihre Schülerinnen und Schüler durchlaufen auf dem Weg zu dieser verkörpernden Aufführung „ihres" Gedichts verschiedene Stadien der Anverwandlung. Zunächst dürfen sie eine individuelle und intuitive Wahl treffen: Welcher Text spricht mich persönlich an? Hat sich jeder und jede mit einem „eigenen" Gedicht verbunden, beginnt die Phase, in der ihnen zugemutet wird zu assoziieren, sich an ihrem ausgesuchten Text zu reiben, sich von ihm anziehen, abstoßen und herausfordern zu lassen, sich ihm hinzugeben, ihn zu durchdringen – nicht zuletzt auch, indem sie ihn inhaltlich verändern. Wird dieser Aneignungsprozess intensiv betrieben – und ich möchte Sie bitten: Setzen Sie sich ebenfalls mit einem für Sie bedeutsamen Versgedicht diesem Prozess aus –, dann führen Ihre Schülerinnen und Schüler nach und nach eine Beziehung mit „ihrem" Text.

Wird dieser Punkt erreicht, dann sind sie in der Lage und auch willens, diese Texte auf der Zimmerbühne voreinander zu verkörpern. Dieser Tag des offenen Denkmals in der „Stadt der Verse" (s. Sp39) wird Sie und Ihre Klasse auf beglückende Weise erfahren lassen, wie nahrhaft, wie wesentlich Menschen miteinander kommunizieren können. Paradox formuliert: Indem sie sich maximal auf wenige – und dazu noch fremde – Worte zurückziehen und beschränken, erweitern Ihre Schülerinnen und Schüler schlussendlich ihr sprachliches Handlungsfeld. Sie erleben die Poesie als eine höchste Form von Mitteilung. Sie lernen die Sprache von ihrer besten Seite kennen. Und sie werden nach einer solchen Erfahrung nicht mehr sagen können, dass Gedichte an sich langweilig wären. Das hieße dann das Gleiche wie: „Das Leben an sich ist langweilig."

4.1 Bilder von stumm auf laut stellen

Lassen Sie uns auf das Thema „Innere Bilder" zurückkommen: In den Häusern unserer Erinnerung befindet sich ein unerschöpflicher Speicher an inneren Bildern, ein weites Reservoir an abgespeicherten, eingelagerten Wahrnehmungen. Dort finden sich Alltagserlebnisse und Reminiszenzen an prägende Orte, hinabgesunkene tiefempfundene Ereignisse, scharfsichtig erkannte und deponierte Dinge und vieles mehr. Der ganze Zauber der darstellenden Kunst liegt im Grunde darin, dass unser Körper in der Lage ist, diese abgelagerten Wahrnehmungen durch eine äußere Bewegung, eine Regung unseres Körpers, aus diesem Speicher hervorzuholen und zu reaktivieren.

Dass ein Gutteil aller Erinnerungen als ziemlich freizügige Interpretationen und Rekombinationen ans Licht des Bewusstseins treten, tut diesem wunderlichen Vorgang keinen Abbruch, im Gegenteil: Für unseren Fall leistet dieses Verfahren entscheidende Unterstützung. Wir illustrieren ein Gedicht aus fremder Feder, indem wir in unserer Fantasie aus Erinnerungsbausteinen neue imaginative Welten erschaffen.

Es grenzt für mich nach fünfundzwanzig Jahren Bühnentätigkeit noch immer an ein Wunder, wie es sein kann, dass ein äußerer Sinnesreiz in meinen Körper, in meine Seele oder in meinen Geist eingelagert – und quasi „bei Bedarf" für die künstlerische Gestaltung aufgerufen werden kann. Das zweite Wunder finde ich aber noch größer: dass ich in der Lage bin, meine „inneren Filme" einem Mitmenschen mitzuteilen, indem ich diese Vorstellungen in codierte Schallwellen, also in Sprache, übersetze. Aus stummen inneren Vorstellungen werden im Sprechen klingende, mitteilbare Bilder.

4.2 Gedichte wachsprechen

Ein Wort, ein Satz –: aus Chiffren steigen
erkanntes Leben, jäher Sinn,

die Sonne steht, die Sphären schweigen
und alles ballt sich zu ihm hin.

Gottfried Benn

In gegenwärtigen Hörbüchern begegnet mir ein Sprechideal, das von Nüchternheit und Diskretion im Umgang mit dem literarischen Text geprägt ist. Etliche Höraufnahmen suggerieren mir, dass sich professionelles Sprechen am Ende dadurch auszeichne, dass die Sprecherin oder der Sprecher als sachliches Medium über den Ereignissen des Textes stehe.

Im Gegenzug dazu plädiere ich hier dafür, die Jugendlichen anzuregen, sich einen einmal ausgesuchten Text sehr subjektiv ganz und gar zu eigen zu machen. Steht Yusuf im Rahmen einer Rezitationssause vor den Zuhörerinnen und Zuhörern, so dürften die Menschen meiner Meinung nach durchaus im Nachhinein spüren, dass er den richtigen Griff getan hat, als er sich Bert Brechts Gedicht „700 Intellektuelle beten einen Öltank an" ausgesucht hatte.

Rhapsodisches Rezitieren unterscheidet sich von der gängigen Sprechkunst durch die vollmundige Ästhetik: Die Worte sind nicht im Weg, sondern sie *sind* der Weg. Es soll nicht mit ihrer Hilfe etwas gesagt werden, sondern: Sie sind bereits das, was gesagt werden soll. Zugespitzt formuliert: Nicht die Aussage eines Verses steht im Mittelpunkt, sondern die Musik in den Lauten und Wortrhythmen, die die Aussage erst erlebbar macht. Hinzu kommt, dass sich der rhapsodische Rezitator demonstrativ in den Strom überlieferter mündlicher Poesie stellt. Er nimmt sich die Freiheit, den Gedichtvortrag einzuleiten, zu unterbrechen, Teile des Textes zu wiederholen, Verse eines anderen Textes hineinzusampeln.

Je unverfrorener Ihre Schülerinnen und Schüler auf die tradierten Versgedichte zugreifen, desto größer wird das Bildungserlebnis ausfallen. Die Zuhörenden sollen spüren können: „Dieses Gedicht geht gerade genau durch diesen sprechenden Mitschüler – und durch keinen anderen durch."

4.3 Die versunkene Stadt der Verse

Was ist mit den „an sich" verehrten, in Wirklichkeit kaum mehr erfahrbaren alten Dichterinnen und Dichter unserer Sprache und anderer Sprachen weltweit? Wenn da niemand ist, der sie spricht, sterben sie in den Büchern, auf den Papierseiten, in den Datenspeichern einen langsamen, stilvoll begleiteten Tod. Die Sprache eines Landes lebt, wenn sie gesprochen wird – nicht, wenn sie nur geschrieben wird. Das Schreiben ist unverzichtbar für die Entwicklung des Landes. Das Sprechen aber ist die Basis des Schreibens, also: noch wesentlicher, weil primär. Über das gesprochene Wort besitzt der Mensch seinen gattungseigenen Zugang zum größeren Zusammenhang, zu seinem Lebenssinn, zu seiner individuellen wie kollektiven zivilisatorischen Entwicklung, zu seinem noch nicht verbrieften, aber schon geahnten und seinem erworbenen Wissen usw.
Das alles zählt für mich mit hinein, wenn ich Sie für die Rezitationskunst und -kultur an der Schule begeistern will. Rezitieren lernen heißt: identisch zu werden mit dem, was ich sage, und umgekehrt, sprechen zu lernen, was ich denke, fühle, will.

Das Gedichteaufsagen hat einen schlechten Ruf. Es evoziert Bilder aus längst vergangenen Tagen, als in der Schule noch der Rohrstock geschwungen wurde. Ein Ausschnitt aus Thomas Manns „Buddenbrooks" bleibt mir hierzu für immer im Gedächtnis. Bei der Feier zum hundertjährigen Firmenjubiläum scheitert der kleine Sohn Hanno beim Gedichtvortrag auf ganzer Linie:

„Nun, mein Sohn, laß hören", sagte der Senator kurz. Er hatte sich in einen Lehnsessel am Tische niedergelassen und wartete. Er lächelte durchaus nicht – heute so wenig wie sonst bei ähnlichen Gelegenheiten. Ernst, die eine Braue emporgezogen, maß er die Gestalt des kleinen Johann mit prüfendem, ja sogar kaltem Blick.

Hanno richtete sich auf. Er strich mit der Hand über das glattpolierte Holz des Flügels, ließ einen scheuen Rundblick über die Anwesenden hingleiten, und ein wenig ermutigt durch die Milde, die ihm aus den Augen Großmamas und Tante Tony's entgegenleuchtete, sagte er mit leiser, ein wenig harter Stimme: ‚Schäfers Sonntagslied' … Von Uhland."

„Oh, mein Lieber, das ist nichts!" rief der Senator. „Man hängt dort nicht am Klavier und faltet die Hände auf dem Bauche … Frei stehen! Frei sprechen! Das ist das erste. Hier stelle dich mal zwischen die Portieren! Und nun den Kopf hoch … und die Arme ruhig hängen lassen …"

Hanno stellte sich auf die Schwelle zum Wohnzimmer und ließ die Arme hängen. Gehorsam erhob er den Kopf, aber die Wimpern hielt er so tief gesenkt, daß nichts von seinen Augen zu sehen war. Wahrscheinlich schwammen schon Tränen darin. „Das ist der Tag des Herrn", sagte er ganz leise, und desto stärker klang die Stimme seines Vaters, die ihn unterbrach: „Einen Vortrag beginnt man mit einer Verbeugung, mein Sohn! Und dann viel lauter. Noch einmal, bitte! ‚Schäfers Sonntagslied' …"

Das war grausam, und der Senator wußte wohl, daß er dem Kinde damit den letzten Rest von Haltung und Widerstandskraft raubte. Aber der Junge sollte ihn sich nicht rauben lassen! Er sollte sich nicht beirren lassen! Er sollte Festigkeit und Männlichkeit gewinnen … „Schäfers Sonntagslied! …" wiederholte er unerbittlich und aufmunternd …

Aber mit Hanno war es zu Ende. Sein Kopf hing tief auf der Brust, und seine kleine Rechte, die blaß und mit bläulichen Pulsadern aus dem unten ganz engen, dunkelblauen, mit einem Anker bestickten Matrosenärmel hervorsah, zerrte krampfhaft an dem Brokatstoff der Portiere. „Ich bin allein auf weiter Flur", sagte er noch, und dann war es endgültig aus. [...] Er beugte sich seitwärts, legte den Kopf auf die Hand, mit der er sich an der Portiere hielt, und schluchzte.

„Nun, das ist kein Vergnügen!" sagte der Senator hart und gereizt und stand auf. „Worüber weinst du? Weinen könnte man darüber, daß du selbst an einem Tage wie heute nicht genug Energie aufbringen kannst, um mir eine Freude zu machen. Bist du denn ein kleines Mädchen? Was soll aus dir werden, wenn du so fortfährst? Gedenkst du dich später immer in Tränen zu baden, wenn du zu den Leuten sprechen sollst? ..."

„Nie", dachte Hanno verzweifelt, „nie werde ich zu den Leuten sprechen!"

Was Thomas Mann (1901; 2008) hier in geradezu dämonisch pointierter Form ausführt, stellt gleichsam die Pervertierung all dessen dar, wofür ich in diesem Praxisband werbe.

Gegenüber dem vaterländischen Gedichtaufsagen früherer Zeiten werbe ich hier für neue Formen, um Rezitationen unter Schülerinnen und Schülern anzuregen. Ich gehe dabei von Darbietungen wie dem Poetry Slam, der Jam-Session im Jazz und wiederum vom Cypher der Hiphop-Kultur aus. An die Stelle einstiger bildungsbürgerlicher Wohlerzogenheit möchte ich mit Ihnen eine individuelle künstlerische Arbeit setzen. Ein Gedicht ist per se, von seinem Ursprung her, eine individualisierende Kunstform. Und es ist eine Kunst, ein Gedicht zu sprechen, weil jede Schülerin, die sich ein Herz fasst, sich in der Öffentlichkeit mit einem Gedichtvortrag zu zeigen, zuvor dieselben Prinzipien anwenden musste, die auch in der freien Kunst wirken: Sie musste eine persönliche Wahl treffen, innere Hemmnisse überwinden, äußere Verunsicherung in Kauf nehmen usw.

Ich habe für diese Publikation die alten Versgedichte gewählt. Selbstverständlich sind Gegenwartsgedichte ebenso wichtig wie die tradierten Verse. Ich bin im Zuge meiner bisherigen Arbeit an der Schule mit tradierten Texten umgegangen, weil an ihnen die typischen Arbeitsschritte des rhapsodischen Sprechens besser vermittelbar sind. An einem Gedicht wie dem „Mailied" von Goethe kann Liwan lernen, was ein Rhythmus, was ein Reim ist. Zudem bemerkt er alte Wörter und bekommt ein Gefühl dafür, was Vergangenheit bedeutet. Und er kann sich dazu ins Verhältnis setzen. Er kann dem Ich des Textes sein eigenes Ich leichter gegenüberstellen, kann das Mailied in einer eigenen Haltung sprechen – und sich darin selbst entdecken. Auch fällt es ihm hier leichter, eigene Wörter in den Text einzuschmiegen, die Gegenwart – seine Gegenwart – in dem alten Text zu verankern.

Über den Umgang mit Gegenwartslyrik möchte ich hier auf die substanzielle, richtungsweisende und weise Arbeit meines verehrten Kollegen, des Lyrikers José F. A. Oliver verweisen. Was auch immer Ihre Frage zum schulischen Umgang mit Gedichten der Gegenwart an der Schule sein wird: Sie werden bei ihm vielfältige Inspirationen bekommen (s. Literaturverzeichnis S. 71). Wenn ich im Folgenden von Gedichten spreche, so spreche ich von Gedichten, die als rhapsodische Texte gelten können, die in Versen verfasst bzw. die auf mündlichen Vortrag hin gedichtet wurden.

In der Stadt der Verse gibt es viele Straßen (Autoren, Stile) mit vielen Häusern (Gedichttexte). Jetzt sollten wir uns darum kümmern, nach welchen Gesichtspunkten Sie diese Häuser aussuchen können, damit die neuen Mieterinnen und Mieter – Ihre Schülerinnen und Schüler – wiederum ihre Wahl treffen können: Welche Gedichte, welche Häuser sollen in Ihrer Stadt der Verse den Straßenrand zieren?

4.4 Wozu überhaupt ein Gedicht?

Warum sollte ich ein Gedicht kennenlernen, von Bildungsplanvorgaben einmal abgesehen? Warum sollte ich mir, darüber weit hinausgehend, einen Gedichttext richtiggehend einverleiben, zu meiner Sache machen? Bei der produktiven Aneignung überlieferter Gedichte verquicken sich persönliche Belange und allgemeine Bildungsziele unzertrennlich. Was Ihrer Schülerin Marlen hilft, sich besser zu verstehen, das ist zugleich dazu angetan, ihr historisches Bewusstsein zu erweitern, die Wirkung ausgesuchter Verben kennenzulernen, ihren Wortschatz zu erweitern oder das Stilmittel der Metapher zu verstehen. Wer viel fühlt beim Lernen, der lernt gut.

Die folgenden weiteren Gründe sind nur der Anfang einer langen Liste, die Sie mit den Schülerinnen und Schülern erweitern können. Ein Gedicht kann

- dich trösten, deinen Tag retten, wenn sich alles gegen dich verschworen zu haben scheint.
- deiner Melancholie Ausdruck verleihen.
- dir einen Witz erzählen.
- eine romantische Saite in dir zum Klingen bringen.
- dich in eine ferne Zeit entführen.
- dir helfen, deine Wut zu artikulieren.
- deinen Sinn für das Schöne, für das Wahre, für Gerechtigkeit usw. schärfen.
- dich in die Kunst des Genießens einführen.
- deinen Widerspruch wecken, sodass du dich regst und dich artikulieren willst.
- dich zum Philosophieren anregen.
- einen Missstand in der Welt für dich formulieren.
- dein Selbstbewusstsein stärken.
- ...

Wie aber entsteht eine Beziehung zwischen Text und Schülerin? Lassen Sie uns die Stadt nun anlegen – mit Straßen und Plätzen und vielen spannenden Miethäusern, die zum Eintreten und Verweilen verlocken.

Abb. 20: Gedichtbände sind das Warten gewohnt. Aber eines Tages schaut doch wieder jemand hinein.

4.5 Die Stadt der Verse taucht auf!

Wie weit das Terrain der überlieferten Versdichtung vermeintlich auch entfernt sein mag: Es gibt darunter Texte, die ein junger Mensch auch im 21. Jahrhundert kennenlernen sollte. Sicher werden Sie den einen oder anderen Ihrer Favoriten in der auf Seite 51–52 vorgestellten Auswahl von Gedichten vermissen. Und umgekehrt haben Sie womöglich manche der aufgeführten Texte oder Autoren noch nie gehört.

Wie stellen wir daraus einen gescheiten Klassensatz Gedichte her? Ein paar Vorschläge könnten sein:

- vom kürzesten zum längsten – oder umgekehrt,
- vom traurigsten zum lustigsten,
- vom seltsamsten bis zum verständlichsten.

Ich ahne, dass Sie sich im Grunde fragen, wie Sie die Anregungen in diesem Band mit den Bildungsplanvorgaben zur Lyrik in den jeweiligen Klassenstufen synergetisch verknüpfen könnten. Mein Statement an dieser Stelle lautet: *Dies ist keine Lyrikeinheit, dies ist ein Sprechabenteuer!* Hier wird zunächst kein literarisches Wissen vermittelt, sondern eine persönliche Erfahrung anhand von Gedichttexten ermöglicht. Es geht um die Schwellenerfahrung:

TOM: *„Huch, ich spreche!"*

Gedichte sind geradezu dafür geschaffen, individuell auf Menschen einzuwirken. Gehen wir mittels angeordneter Themen wie „Liebesgedichte" oder „Texte der Romantik" an sie heran, ist es, als würden wir sie wie Schmetterlinge mit Kescher und Stecknadel dingfest machen. Gedichte stiften uns aber vielmehr dazu an, unser Erleben und Denken schmetterlingshaft werden zu lassen.

Welchen Kriterien bin ich bei der Zusammenstellung meiner Gedichtempfehlungen gefolgt?

- Mit meiner Auswahl für Klasse 5–6 möchte ich vor allem zu Spaß und Witz verleiten.
- Für die Sammlung der Klasse 7–8 habe ich mehr dunkle Töne daruntergemischt.
- Bei den Empfehlungen ab Klasse 9 war mir wichtig, mehr Texte zu versammeln, die das Ich stärken bzw. mit starken Statements umgehen.
- Ab Klasse 11 bis zur Abitursklasse war mir daran gelegen, das Ich noch mehr zu bedienen, wenngleich mit einer stärkeren Gewichtung zu lebensphilosophischen Fragen.

Insgesamt kommen viel Liebe und Tod und polare Empfindungen vor. Die Zeit der Pubertät und Adoleszenz birgt so manche Klippe, um die der heranwachsende Mensch herumlavieren muss. Ich weiß aus vielen Begegnungen mit jungen Leuten, dass ein Gedicht

B

Gedichte für das rhapsodische Sprechen

Die hier aufgeführten Gedichte finden Sie in der Regel online (s. auch die Hinweise im Literaturverzeichnis auf S. 71).

Empfehlungen für die Klassen 5 und 6

Anonym: Dunkel war's, der Mond schien helle
Ernst Moritz Arndt: Lügenmärchen
Hugo Ball: Seepferdchen und Flugfische
Barthold Heinrich Brockes: Die Ameise u. v. a.
Gottfried August Bürger: Die Schatzgräber
Friedrich Güll: Vom Pelzemärtel die ganze Geschicht'
Joseph Freiherr v. Eichendorff: Wünschelrute
August Heinrich v. Hoffmann Fallersleben: Der Reiher, Spatz und Katze, Wie der Zaunschlüpfer König ward
Gerhart Hauptmann: Mondscheinlerchen
Johann Peter Hebel: Das Lied vom Kirschbaum
Caroline Herrmannsdorfer: Stoßseufzer eines Mutwilligen
Adolf Holst: Auf dem Bahnhof
Gottfried Keller: Friede der Kreatur
Johann Klaj: Der kecke Lachengeck
Hermann v. Lingg: Das Krokodil, Kolibri, Rotkehlchen
Christian Morgenstern: Das große Lalula, Das Häslein u. v. a.
Eduard Mörike: Septembermorgen, Mausefallen-Sprüchlein
Börries Freiherr v. Münchhausen: Das alizarinblaue Zwergenkind
Jean Paul: Geschichte eines Pfefferkuchenmannes
Joachim Ringelnatz: Arm Kräutchen, Bumerang, Das Samenkorn, Die Ameisen, Die Feder u. v. a.
Friedrich Rückert: Elfen-Rätsel u. v. a.
Karoline Stahl: Die vier Brüder

Empfehlungen für die Klassen 7 und 8

Bertolt Brecht: Die Moritat von Mackie Messer (mit Schlussstrophen v. 1948)
Friederike Brun: Ich denke dein
Wilhelm Busch: Das Brot, Sie war ein Blümlein u. v. a.
Ignaz Franz Castelli: Die Kastanie
Annette v. Droste-Hülshoff: Der Knabe im Moor
Joseph Freiherr v. Eichendorff: Frische Fahrt, Sehnsucht u. v. a.
Otto Ernst: Nis Randers
Theodor Fontane: Der Kranich, John Maynard, Die Brück' am Tay, Herr von Ribbeck auf Ribbeck im Havelland
Johann Wolfgang v. Goethe: Der Fischer, Der Totentanz, Der Zauberlehrling, Erlkönig
Friedrich v. Hagedorn: Johann der Seifensieder
Heinrich Heine: Und wüssten's die Blumen, die Kleinen, Belsatzar, Die Loreley, Ritter Olaf
Paul Heyse: Ich sah mein Glück vorübergehn
Ricarda Huch: Du (Seit du mir ferne bist)
Anna Louisa Karsch: Lob der schwarzen Kirschen
Selma Meerbaum-Eisinger: Regenlied, Sonne im August
Christian Morgenstern: Das Knie, Die unmögliche Tatsache, Goldfuchs, Schürz' und Flasche u. v. a.
Eduard Mörike: Der Feuerreiter, Ein Stündlein wohl vor Tag
Wilhelm Müller: Der Glockenguß zu Breslau, Der Lindenbaum
Robert Eduard Prutz: Eppelin von Geilingen
Rainer M. Rilke: Der Panther
Anna Ritter: Ich sah einen Adler
Paul Scheerbart: Monolog des verrückten Mastodons
Friedrich Schiller: Der Taucher, Die Bürgschaft, Der Handschuh, Der Ring des Polykrates, Die Kraniche des Ibykus
Gustav Schwab: Der Reiter und der Bodensee
Francisca Stoecklin: An eine Orange, Bäume
Lulu von Strauß und Torney: Hertje von Horsbüll
Christian Wagner: Blühender Kirschbaum

Empfehlungen für die Klassen 9 und 10

Sophie Albrecht: An die Freiheit
Anonym: Es ist ein Schnitter, heißt der Tod
Bertolt Brecht: Die Seeräuber-Jenny
Max Dauthendey: Die Amseln haben Sonne getrunken
Annette v. Droste-Hülshoff: Unruhe, Letzte Worte
Marie Freifrau v. Ebner-Eschenbach: Sommermorgen, Das Schiff
Joseph Freiherr von Eichendorff: Das zerbrochene Ringlein, Zwielicht, Komm, Trost der Welt
Ferdinand Freiligrath: Die Trompete von Vionville
Stefan George: Es lacht in dem steigenden jahr dir
Johann Wolfgang von Goethe: Mailied, An den Mond, Dem aufgehenden Vollmonde, Ein Gleiches, Nähe des Geliebten, Willkommen und Abschied (beide Fassungen)
Hans Jacob Christoffel von Grimmelshausen: Abendlied
Andreas Gryphius: Es ist alles eitel, Abend
Wilhelm Hauff: Mutterliebe
Friedrich Hebbel: Schau ich in die tiefste Ferne
Heinrich Heine: Das Fräulein stand am Meere, Ein Jüngling liebt ein Mädchen, Ich grolle nicht, Mein Herz, mein Herz ist traurig, Sonnenuntergang, Wir haben viel füreinander gefühlt
Johann Gottfried v. Herder: Erlkönigs Tochter
Georg Heym: Letzte Wache
Christian Hoffmann v. Hoffmannswaldau: Vergänglichkeit der Schönheit
Hugo v. Hofmannsthal: Vorfrühling, Reiselied
Arno Holz: Mählich durchbrechende Sonne
Klabund: Verfluchte Schweinerei
Ludwig Jacobowski: Trost der Nacht
Maria Janitschek: Ein modernes Weib
Elisabeth Janstein: Gebete in die Sonne, Liebe
Wilhelm Jensen: Am ersten Sarge, Seltsame Genossen
Hermann Kappen: Neujahrsgebet des Pfarrers von St. Lamberti
Marie Luise Kaschnitz: Die Katze
Gertrud Kolmar: Krähen
Hans Leifhelm: Verwandlung im Wald
Gotthold Ephraim Lessing: Der Faule (beide Fassungen), Lob der Faulheit
Alfred Lichtenstein: Mondlandschaft, Punkt, Der Sturm, Die Ritze, Die Stadt, Gebet an die Menschen

Detlev v. Liliencron: Der Blitzzug
Friedrich v. Logau: Trost
Friedrich v. Mathisson: Zuruf
Selma Meerbaum-Eisinger: Du, weißt du ...
Conrad Ferndinand Meyer: Die Füße im Feuer, Hohe Station
Eduard Mörike: Das verlassene Mägdlein, Um Mitternacht, Die schöne Buche, Die Tochter der Heide, Begegnung, Erinnerung, An C.N., An einem Wintermorgen vor Sonnenaufgang u. a.
Betty Paoli: Ich
Rudolf Presber: Das Pferdchen
Joachim Ringelnatz: Ein Traum, Silvester bei den Kannibalen, Telefonischer Ferngruß, Und auf einmal steht es neben dir
Albert Roderich: Die alte Schülerin
Friedrich Rückert: Grammatische Deutschheit
Ferdinand v. Saar: Die Erdbeere
Francisca Stoecklin: Das Meer singt, Der Spiegel, Fieber, Krieg
Lulu von Strauß und Torney: Grüne Zeit
Kurt Tucholsky: Augen in der Großstadt
Maria Luise Weissmann: Der Einsiedler
Albin Zollinger: Wo aber fliegen die Abendvögel hin?

Empfehlungen für die Klassen 11 bis 13
Ingeborg Bachmann: An die Sonne, Erklär mir, Liebe u. a.
Gottfried Benn: Einsamer nie – Anemone u. v. a.
Bertolt Brecht: 700 Intellektuelle beten einen Öltank an, Erinnerung an Marie A., Verschollener Ruhm der Riesenstadt New York u. v. a.
Paul Fleming: An sich, Wie er wolle geküsset seyn
Ferdinand Freiligrath: Ehre der Arbeit
Stefan George: Komm in den totgesagten park
Johann Wolfgang von Goethe: Prometheus, Ganymed, Das Göttliche, Gesang der Geister über den Wassern, Grenzen der Menschheit, Selige Sehnsucht, Wandrers Nachtlied
Franz Grillparzer: Kuß
Karoline von Günderode: Das Spiegelbild, Der Luftschiffer, Die eine Klage
Johann Christian Günter: Als er der Phillis einen Ring mit einem Totenkopf überreichte, Lebensgenuss
Marie Eugenie delle Grazie: Kindheit
Catharina Regina v. Greiffenberg: Über mein unaufhörliches Unglück
Friedrich v. Hagedorn: Die Einsichtsvollen
Peter Hammerschlag: Technischer Frühling
Heinrich Heine: Der Asra, Die Wanderratten
Emmy Hennings: Morfin, Tänzerin
Hugo von Hofmannsthal: Die Beiden, Ballade des äußeren Lebens, Terzinen über die Vergänglichkeit I u. III, Weltgeheim-nis
Friedrich Hölderlin: Hälfte des Lebens, Der Archipelagus, Der Adler, Heimkunft, An die Parzen, An die Natur, Diotima, Da ich ein Knabe war, Hälfte des Lebens, Heidelberg, Hyperions Schicksalslied, Lebenslauf, Der Gott der Jugend u. v. a.
August v. Kotzebue: Gesellschaftslied
Else Lasker-Schüler: Weltende
Gotthold Ephraim Lessing: Ich
Ernst Wilhelm Lotz: Aufbruch der Jugend, Frühlingsatem, Hart stoßen sich die Wände in den Straßen
Gertrud Kolmar: Die Fahrende
Selma Meerbaum-Eisinger: Poem
Conrad Ferdinand Meyer: Möwenflug
Eduard Mörike: Peregrina, Frage und Antwort, Josephine, Jedem das Seine, Besuch in Urach
Wilhelm Müller: Gute Nacht
Friedrich Nietzsche: Nach neuen Meeren, An den Mistral, Das trunkene Lied, Ecce Homo
Novalis: Wenn nicht mehr Zahlen und Figuren
Eduard Maria Oettinger: Champagner
Rainer Maria Rilke: Der Schwan, Menschen bei Nacht u. v. a.
Joachim Ringelnatz: Die Schnupftabaksdose, Ehrgeiz u. a.
Friedrich Rückert: Du bist die Ruh
Paul Scheerbart: Das Flammenschwert
Friedrich Schiller: An die Freude, Das Lied von der Glocke, Die Worte des Glaubens, Nänie, Die Worte des Wahns
Sybilla Schwarz: Ein Gesang wider den Neidt, Du meinst
Kurt Schwitters: Eisenbahn
Kurt Tucholsky: An das Baby, Das Ideal, Der Graben, Krieg dem Kriege, Luftveränderung
Walther von der Vogelweide: Unter der Linden
Maria Luise Weissmann: Ballade vom Namenlosen
Franz Werfel: Der schöne strahlende Mensch, Lächeln Atmen Schreiten
Christiana Marianna von Ziegler: Auf einen schönen und artigen Papagoy

nicht nur einen Tag, sondern manchmal auch eine Lebenseinstellung, eine Weltsicht, ein Vertrauen zu retten vermag. Auf gute Storys und balladeske Texte würde ich beim Erstellen eines Klassensatzes von Gedichten nicht verzichten. Auch sollten meines Erachtens manche „schrägen Sachen" mit darunter sein, um die Irritationskompetenz zu trainieren.

Sie kennen Ihre Klasse am besten. Es gibt darin vielleicht eine typische Verteilung an motivierten, schnellen, an schwerfälligeren und weniger sprachaffinen Naturen. Dem würde ich im Hinblick auf Umfang und Komplexität der einzelnen Texte Rechnung tragen.

Sie können, indem Sie ein Gedicht einem bestimmten Schüler dezidiert empfehlen, einen Entwicklungsimpuls stiften. Einer historisch interessierten Schülerin wird es Freude machen, mittels „ihres" Gedichtes auf Zeitreise zu gehen. Jemand Drittes steht womöglich darauf, mit der Zunge eines Widersachers zu sprechen und in eine Rolle zu schlüpfen. Eliona ist vielleicht dankbar für einen wortmusikalischen Leckerbissen, während Patrick alles goutiert, wenn es in einer spannenden Geschichte verarbeitet daherkommt.

Auch Antipathie zu einem Text kann sich produktiv auswirken: Es gibt den Fall, dass eine Schülerin eine „widrige Stimme" in sich aufnehmen will – um an dem persönlichen „Anti-Text" ihren inneren Widerstand zu kräftigen.

4.6 Versburg – Rollenspiel und Lernfinale

Wir kommen zum finalen Spiel dieses Praxisbands, das sich über alle noch verbleibenden Übungen hin erstreckt. Es heißt „Versburg" und ist ein Rollenspiel für Sie und Ihre Klasse. Es handelt davon, wie die altehrwürdige Stadt Versburg durch eine Gruppe junger Menschen und den listigen Einsatz einer städtischen Angestellten vor dem Verfall bewahrt wird.

Versburg, „Die Stadt der Verse", ist eine über viele Jahrhunderte hinweg gewachsene, historisch bedeutsame Sehenswürdigkeit. Aber die Altstadt, die zum kulturellen Erbe der Menschheit zählt, ist von Verfall bedroht. Denn die Häuser stehen leer.

Es will dort niemand wohnen. Um gegenzusteuern, ergreift die Stadtverwaltung die Initiative und schreibt eine Stelle aus:

„Die Stadt Versburg als eingetragenes kulturelles Erbe von allgemeiner Bedeutung sucht ab sofort eine Immobilienkauffrau (w/m/d) für die Vermietung ihrer historischen Liegenschaften.

Im reichhaltigen städtischen Bestand an größeren und kleineren Wohneinheiten finden Sie für die potenziellen Mieterinnen und Mieter das geeignete Mietobjekt. Sie interessieren eine junge Kundschaft für diverse Immobilienobjekte. Nach erfolgreicher Kundengewinnung schließen Sie die Mietverträge ab.

In Ihrer Zusatzfunktion als Vertreterin/Vertreter der Hausverwaltung kümmern Sie sich nach Abschluss des Mietvertrags um etwaige Beanstandungen und Probleme. Sie nehmen Schadensmeldungen entgegen und wickeln Reparatur- und Instandhaltungsaufgaben für die städtische Poesie-Immobilienverwaltung ab. Voraussetzung für eine Eignung ist Fingerspitzengefühl im Umgang mit den Interessenten.

Sollte der schöpferische Umgang mit Gedichten zu Ihren vorzüglichen Interessen zählen, erbitten wir ab sofort Ihre Bewerbung."

Sie sind im Rahmen des Spiels gerade auf Arbeitssuche und – wen wundert es, da Sie diesen Praxisband bis hierher gelesen haben – Sie bekommen die Stelle!

Aber womit niemand gerechnet hat: Zu Beginn des neuen Schuljahrs haben Jugendliche unbemerkt in den Häusern Unterschlupf gefunden. Sie besetzen die Häuser eigenmächtig. Die Stadtverwaltung ist alarmiert, so etwas geht doch nicht! Aber schnell besinnt sie sich und führt mit Ihnen als der neuen Zuständigen ein Strategiegespräch.

Aus diesem geht hervor: Ab sofort haben Sie die Aufgabe und Gelegenheit, über ein ganzes Schuljahr hinweg die jungen Eindringlinge zu neuen Mieterinnen und Mietern zu machen und weitere jugendliche Mieterinnen und Mieter in der Stadt der Verse anzusiedeln, inkl. Abschluss von Mietverträgen.

Sie haben zum Glück bereits als Pädagoge und als Sozialarbeiterin mehrjährige Berufserfahrungen gesammelt. Die Stadtmütter und -väter sind froh, mit Ihnen eine so kompetente, breit aufgestellte Kraft an Bord zu haben. Sie haben freie Hand. Sie dürfen mit ungewöhnlichen Methoden, ja, mit Guerilla-Taktiken vorgehen. Vorausgesetzt, Sie schaffen das vereinbarte Ziel: Bis zum Tag des offenen Denkmals gegen Ende des Schuljahrs haben Sie die jungen Leute von Hausbesetzern zu amtlichen Mieterinnen und Mietern gemacht. Zu Leuten, die ihre Wohnung, ihr Haus renoviert, auf Vordermann gebracht haben. So, dass die Stadt eine öffentliche Begehung der Altstadtbauten als touristische Aktion bewerben kann.

4.7 Häuser besetzen – Spielanleitung

Sp 27

Sie stellen eine Auswahl an Gedichttexten zusammen. Nehmen wir an, Ihre Klasse hat 27 Schülerinnen und Schüler – dann brauchen Sie etwa 35 Texte, als Einzelblätter kopiert und jedes Einzelblatt in zweifacher Ausfertigung.

Berücksichtigen Sie bei der Zusammenstellung der Texte die Neigungen, Interessen und Lernpotenziale innerhalb der Schülerschaft Ihrer Klasse – je nachdem, wie gut Sie sie kennen – ein Stück weit.

Abb. 21: Erste Erkundungen in den Versburger Straßen.

Doch sollten Sie es letztendlich Ihren Schülerinnen und Schülern überlassen, wie sie ihre Wahl treffen, welches Haus sie besetzen, welches Gedicht sie wählen wollen. Sie legen die 35 Textblätter vor Unterrichtsbeginn auf dem Boden des Klassenzimmers aus (das Duplikat jeweils obendrauf), und zwar in Form eines begehbaren Stadtplans. Die Blätter gelten als die zu besetzenden Häuser. Mit ihnen bilden Sie auf dem leeren Fußboden in der Mitte des Klassenzimmers verschiedene Straßenzüge. Sie sollten so breit gelegt sein, dass sich Ihre Schülerinnen und Schüler mit vorsichtigen Schritten tatsächlich in ihnen bewegen können.

Stehen Gedichte unterschiedlicher Schwierigkeitsgrade, Gefühlslagen, für diverse inhaltliche und sprachliche Bildungsziele bereit? Dann legen Sie weitere Zettel auf die Gedichtblätter, die den Kindern und Jugendlichen Lust auf das Kennenlernen machen könnten. Auf ihnen steht z. B.: „Bei Traurigkeit", „Auf die Freundschaft!", „Leicht zu knacken", „Kaum zu knacken", „Fast schon kitschig", „Süßlich bis klebrig", „Eine Art Zeitreise" usw. (s. z. B. Vorlage auf S. 66).

Wenn der Unterricht beginnt und die Tür zum Klassenzimmer aufgeht, weiß Ihre Klasse bereits, dass der Boden des Klassenzimmers mit Papieren bedeckt sein wird. Auf ein Signal hin und nach einer vorher abgemachten Reihenfolge machen sich Isabella, Giada und Harman und alle anderen auf den Weg durch die Stadt. Sie heben ein einzelnes Blatt, das für sie von Interesse sein könnte, vom Boden auf und ziehen sich an ihren eigenen Tisch zurück. Wichtig: Das untere der beiden Exemplare muss stets liegen bleiben, nur das obere darf mit an den Platz genommen werden.

Kann Yamac trotz längeren Suchens unter den übrig bleibenden Texten kein passendes Haus für sich entdecken, händigen Sie ihm drei weitere Texte, die Sie – als Joker – aus Ihrer Tasche ziehen, aus. Sie dürfen davon ausgehen, dass es nicht an den Texten, sondern an Yamacs Unerfahrenheit liegt, wenn er noch immer keine Wahl treffen kann. In diesem Fall helfen Sie ihm am besten, indem Sie die Wahl an seiner statt für ihn treffen.

Stellt Rabea nach ein paar Minuten stillen Lesens am Tisch fest, dass sie doch ein anderes Gedicht braucht, so darf sie sich weiter umsehen. Die Spielregel lautet: Drei Mal darf ausgetauscht werden, dann muss die Entscheidung endgültig fallen.

In der darauffolgenden Woche hängen die Duplikate der von den Schülerinnen und Schülern auserwählten Texte entlang der Klassenzimmerwände an langen Schnüren. Auf den aushängenden Duplikaten haben alle, die diesen Text für sich erwählt haben, ihren Namen geschrieben.

IDEE: In spielerischer Weise verbindliche Auswahl eines persönlich ansprechenden Verstextes für längerfristige Beschäftigung treffen.

ASPEKTE: Lesen • Entscheidungsprozess durchlaufen • Geschmacksbildung • irritieren • Umgang mit Komplexität • Positionsbestimmung • Konsequenz erfahren.

SCHRITTE: Gedichte in Form von Straßenzügen auslegen • Schüler wählen durch Anlesen ein Blatt aus • lesen (Arrangement „Tisch für Tisch“) • Jeder nimmt seine erste Wahl mit nach Hause • eine Woche Zeit verstreichen lassen • die ausgewählten Gedichte (Duplikate) entlang der Klassenzimmerwände auf Leine hängen • Mietvertrag aushändigen und ausfüllen lassen.

ZIEL: Jede Schülerin hat nach einer einwöchigen Findungsphase einen Text gefunden und kann in die Auseinandersetzung einsteigen.

ALTER: Klasse 5–13.

DAUER: Lesende Begehung mindestens 30 Minuten. Zeit geben!

Sp 28

4.8 Ins Gespräch kommen – Mietvertrag vorstellen

Die Häuser sind besetzt. Die Duplikate der ausgewählten Textblätter hängen an einer Schnur entlang der Klassenzimmerwände. Vielleicht möchte jemand doch in ein anderes Haus einziehen? Für diese Fälle haben Sie die übrigen Gedichtvorschläge und noch ein paar neue an einer Schnur auf der anderen Seite des Klassenzimmers aufgehängt.

Jetzt ist der Zeitpunkt gekommen, Tandems zu bilden. Allein in einem fremden Haus zu kampieren, ist nämlich gar nicht so leicht. Darum lassen Sie Ihre Schülerinnen und Schüler sich zu Lernduos zusammenschließen. Diese Pärchen müssen keinesfalls für die ganze Zeit der Auseinandersetzung zusammenbleiben. Zu Beginn rate ich dazu, Paarungen unter Freundinnen und Freunden bilden zu lassen. Später im Verlauf plädiere ich dafür, dass sich alle zwei bis drei Mal mit neuen Gesprächspartnern zusammensetzen. So bekommen alle immer wieder frische, erweiternde Rückmeldungen.

Günstigerweise machen zwei Lernduos bereits jetzt untereinander aus, dass sie zu gegebenem Zeitpunkt ein Quartett bilden werden, das mit den gleichen Aufgaben wie das Lernduo betraut werden wird. Wenn Sie feststellen, dass alle soweit mit sich, ihrer Textwahl und ihrem Duopartner einig sind, statten Sie den „Wohnrebellen“ einen Besuch ab. Tisch für Tisch sitzen die Tandems beisammen und stellen sich gegenseitig ihren Text vor, lesen ihn vor, informieren das Gegenüber darüber, warum es dieser Text geworden ist, ob die Wahl schwer- oder leichtfiel, wo sie inhaltliche oder stilistische Schwierigkeiten mit dem Text haben usw.

Da klopfen Sie an! Stellen Sie sich im Plenum in ihrer Rolle als städtische Poesiebeauftragte vor. Werben Sie im Namen der Stadt Versburg um die neuen Gäste. Machen Sie aber auch deutlich, dass im Sinne des guten Auskommens miteinander ein paar Absprachen vonnöten sind – und stellen Sie den Mietvertrag (Vorlage S. 67) vor.

Wann Eliona und Raquel, Beni und Raphael den Mietvertrag unterschreiben, sollten sie selbst entscheiden dürfen. Dies zu tun, bedeutet, das besetzte Haus mit der eigenen Persönlichkeit zu füllen, das Verständnis für den altehrwürdigen Gegenstand zu entwickeln usw.

IDEE: Durch persönlichen Beistand und Verschriftlichen aus fremdelnden Neuankömmlingen in der Welt der Poesie pespektivisch Repräsentanten des gesprochenen Worts machen.

ASPEKTE: Zuhören • dranbleiben • flexibel reagieren • spezifisch entscheiden • lernen und üben im Tandem • Gespräch • bewusst machen.

SCHRITTE: Gedichtblätter an Schnüren lesbar aufhängen • Zeit zum Lesen und Nachdenken geben • Tandems bilden lassen • Tandemgespräche initiieren • Sitzkreis einberufen • Kommunikationsspäße sowie Sprech- und Erzählspiele wiederholen • Mietvertrag vorstellen • Vertragsexemplar pro Schülerin, Schüler aushändigen.

ZIEL: Alle haben ein Lernduo gegründet, den Mietvertrag zur Kenntnis genommen und die Dimension des Vorhabens (bis zum Ende des Schuljahrs) verstanden.

ALTER: Ab Klasse 5.

DAUER: Lektüre etwa 10 Minuten • Tandems und Quartette bilden 5 Minuten • Gespräch im Duo ca. 7 Minuten • Mietvertrag vorstellen 4–5 Minuten.

Abb. 22: Gedichte wollen nicht für den Papierkorb analysiert, sondern für die Gegenwart besprochen werden.

4.9 „Ich bin da, wenn ihr was braucht, meldet euch einfach“

Sp 29

Sie treffen in Teilen auf eine erschöpfte, genervte Klientel. Das Leben als Hausbesetzer strengt an: Das Knarzen im Gebälk weckt manchen neuen Bewohner

Nacht für Nacht. Der Wasserhahn tropft, und der Verkehr an der Ecke braust mitunter ohrenbetäubend. Viele haben sich das freie Hausieren in dem alten Haus anders vergestellt. Konkret gesprochen: Allein schon die inhaltliche Auseinandersetzung mit dem alten Text stellt für einige eine ziemliche Herausforderung dar. Dass Sie von ihnen fordern, allein für einen Text verantwortlich zu sein, steigert das Befremden noch. Und nun haben Sie im Zusammenhang mit dem Mietvertrag auch noch etwas von „öffentlich auftreten" gesagt!

NOREA: *„Was?! Vor den a n d e r e n ! ? – Nö!"*

Weil Neles Mörike-Gedicht sehr persönliche Empfindungen ausdrückt, muss ihre Lernpartnerin Amanda zunächst oft einfach kichern. In Matteos Mailied von Goethe finden sich Verse, die die Schönheit der Welt in großen Worten feiern. Warum aber hat Matteo sich ausgerechnet diesen Text gewählt; wo er mit dieser hingebungsvollen Haltung doch noch gar nicht recht umzugehen weiß? Sie merken es daran, dass er seine Empathie für den Text zunächst einmal gänzlich herunterkühlt. Vielleicht fragen Sie sich: Wie soll so, für die ganze Klasse und ihr breites Spektrum an Persönlichkeiten gesprochen, eine produktive Auseinandersetzung möglich werden?

In der letzten Unterrichtsstunde haben sich die Schülerinnen und Schüler in ihren Tandems ihr Gedicht jeweils vorgestellt und sich darüber ausgetauscht. Wo läuft es und wo nicht? Letizia ist unzufrieden mit der Situation und signalisiert Ihnen dies auch. Sie wollen im Zweiergespräch herausfinden, welcher Motivationsschlüssel für Letizia passen könnte, um das Schloss (= die Lust) zu ihrem Haus zu öffnen.

SIE: *„Auf dein Gedicht, Letizia, hatte ich ein Kärtchen gelegt, und darauf stand doch: „Fast zu kitschig". Ich frage mal nach: Hast du Lust, so richtig kitschig zu werden, oder ist dir genau das unangenehm?"*

Letizias Duopartnerin Aylin springt bei und kann Ihnen versichern, dass Sie richtigliegen mit Ihrer Einschätzung: Letizia fürchtet, ausgelacht zu werden, wenn sie „zu große Gefühle" zeigen wird. Die Lösung des Problems sieht so aus, dass Letizia sich einen neuen Text aussucht, bei dem sowohl Sie als auch Letizia und Aylin darauf achten, dass der Text garantiert nicht kitschig verstanden werden kann.

IDEE: Im beratenden Gespräch herausfinden, welcher Aspekt eines Gedichts möglicherweise daran hindert, die Aufgabe intrinsisch anzugehen.

ASPEKTE: Zuhören • rückfragen • dranbleiben • flexibel reagieren • spezifisch entscheiden • begutachten • sein lassen • Perspektive ändern.

SCHRITTE: Tandems Tisch für Tisch initiieren • Klärung von Schwierigkeiten anbieten • rückfragen, wie es zur Gedichtwahl kam • ggf. eigene Schwierigkeiten mit poetischen Texten eingestehen • Tandempartnerin einbeziehen • evtl. gemeinsam ein geeigneteres Gedicht auswählen.

ZIEL: Niemand ist mehr unzufrieden mit seiner individuellen Aufgabe.

ALTER: Ab Klasse 5.

DAUER: Je nachdem, notfalls ein Gespräch außerhalb der Unterrichtsstunde anberaumen.

4.10 Das Wohntagebuch

Sp 30

Es ist wesentlich, dass Sie und Fiona, Prince, Leon, Renée, Max, Noah und Theodor ihr Gedicht erobern, indem sie es sich ersprechen und dadurch stattliche Hausherrinnen und Hausherren werden. Dabei hilft Ihnen ein Werkzeug, das so alt wie anspruchsvoll ist: das Tagebuch. Für die Dauer der Aneignung ihres Gedichts sollten Ihre Schüler ein kleines Notizheft (Vokabelheftgröße) mit sich führen. Dort hinein können und sollen sie alle Beobachtungen, die sich aus den folgenden Übungen ergeben, schreiben.

Wer nun mit dem Schreiben generell hadert, der lasse sich durch seine Tandem- und Quartettpartner helfen: Wie notiere ich das, was ich erlebe, wenn ich die letzte Strophe meines Gedichts langsam ausspreche? Wie schreibe ich meine Kritik an diesem Gedicht so, dass herauskommt, dass ich das Gedicht eigentlich mag, aber grundsätzlich etwas an seiner Haltung veraltet finde? Usw.

IDEE: Jede, jeder eröffnet ein Notizheft eigens für die Phasen der Gedichtaneignung und -anverwandlung und gerät somit in eine immer bewusstere Geisteshaltung zum Gegenstand.

ASPEKTE: Schreiben • Permanenz • eigenständig arbeiten • eigenständig denken und empfinden • Bewusstwerdung • beraten • Rat nehmen • eigenständig arbeiten

SCHRITTE: Notizbücher besorgen lassen • beim dritten Treffen im Unterricht gemeinsam beginnen • im Plenum die individuellen Beobachtungen zu 4.11 – 4.17 notieren, via Tafelanschrieb visualisieren • Abkommen treffen, das „Wohntagebuch" immer dabeizuhaben und ein- bis zweimal pro Woche etwas hineinzuschreiben.

ZIEL: Alle können bis zum Frühjahr/Sommer ein gut vollgeschriebenes „Wohntagebuch" vorweisen.

ALTER: Ab Klasse 5.

DAUER: Start nach Kommunikationsspäßen sowie Erzählspielen (Herbst) und Ende im Frühjahr, wenn die Aufführung, der „Tag des offenen Denkmals" ansteht.

Sp 31

4.11 Akustische Hauserkundung

Abb. 23: Auf und hinein ins Gedicht!

Die dritte Unterrichtsstunde naht, in der sich die Klasse mit den von ihr besetzten Häusern befasst. Tisch für Tisch sitzt sie und liest. Die Frage ist: Liest sie still oder laut?

Das stille Lesen haben wir alle in der Schule gelernt, das können wir. So haben Ihre Schülerinnen und Schüler i. d. R. den Inhalt und den Stil der Gedichte erfassen können. Vielleicht haben Sie auch geholfen und manche Texte im direkten Gespräch vorgelesen.

Nun möchte ich Sie einladen – im Sinne all dessen, was Sie bei den Sprech- und Erzählspielen kennengelernt und praktiziert haben: Lassen Sie Ihre Schüler das Gedicht Laut für Laut in den Mund nehmen. Um mit dem Bild vom besetzten Haus zu sprechen: Lassen Sie sie in jeden Winkel ihres ausgewählten Hauses schauen. Und „schauen" heißt in unserem Falle durchkosten – mit Lippen, Zunge, Zähnen und Gaumen, eben Laut für Laut.

Von einer Lehrerin, die bei mir eine Weiterbildung am Literaturhaus Stuttgart absolvierte, habe ich einen wunderbaren Tipp bekommen, wie Sie mit Ihrer Klasse solch eine Phase der „Vermündlichung" im Klassenzimmer organisieren können: Alle halten sich die Ohren zu, während sie ihren eigenen Text sprechen. So hört jeder nur noch seine eigene Stimme im eigenen Körper resonieren, stört aber niemanden im Raum.

Nun können Sie profitieren von den Erzählspielen in Teil drei. Ihre Klasse hat sich zu einer Sprechklasse gewandelt, die das Laut-für-Laut-Durchsprechen eines Textes nicht unnötig, sondern wichtig finden kann, um den Inhalt und die Form des jeweiligen Gedichtes intensivierend in sich aufzunehmen.

Am Tisch sitzend verabschieden sich die Schülerinnen und Schüler in die Isolation ihrer akustischen Hausdurchsuchung. Mit Blei- und Buntstiften halten sie fest, was ihnen auffällt:

- Wo tritt ein Laut gehäuft in Erscheinung? Gibt es dafür einen Grund bzw. kannst du daraus etwas gestalten?
- Tritt eine Gruppe von Lauten gehäuft auf? Wenn ja, warum ist das so? Wird damit z. B. ein Naturphänomen oder ein Verkehrsgeräusch eingefangen – und kann ich das sprechend hervorheben?
- Spricht sich das Gedicht eher leicht oder gibt es „zungenbrecherische Qualitäten" hier und da? Wenn ja, gäbe es für diese einen Grund?
- Auf welche Wörter möchte ich mich sprecherisch besonders zubewegen? Gibt es da Lieblingswörter, Lieblingswendungen? Oder umgekehrt: Erregt ein Wort meinen sprecherischen Widerspruch?

Weil wir es aber mittlerweile mit Texten zu tun haben, die aus Sätzen, Strophen und Aussageverläufen bestehen, fragen sie sich darüber hinaus:

- Wenn ich das Gedicht vor mich hinspreche, und Vers folgt auf Vers, Strophe auf Strophe: Wo bieten sich Pausen an?
- Wo habe ich Lust, schneller zu sprechen, wo will ich instinktiv verlangsamen?
- Spricht in meinem Text überall dieselbe Person? Wenn ja: Spricht sie immer in derselben oder in einer ähnlichen Stimme/Stimmlage? Wenn nicht: Wer spricht da noch – und wie? Kann ich diese unterschiedlichen Stimmen durch Farben in meiner Stimme und durch Pausen, durch pfundiges oder luftiges, durch säuselndes oder gehacktes Sprechen usw. erlebbar machen?

Das Beispielblatt auf S. 68 will Sie und Ihre Klasse inspirieren und dazu ermuntern, selbst auf bestimmte Ideen zu kommen, wie Sie in dem neuen und fremden Haus auf Erkundungstour gehen können.

IDEE: Ins Sprechen geraten, Gedichttexte als Partitur erobern, den Hörsinn als Verstehensraum hinzugewinnen.

ASPEKTE: Atem • (sich) zuhören • verinnerlichen • Mundsinne aktivieren • konzentrieren.

SCHRITTE: Sich voneinander verabschieden • Ohren zuhalten bzw. Ohrstöpsel einsetzen • Gedicht Wort für Wort auf seine Laute hin abschmecken • auf Häufungen einzelner Laute u. a. Auffälligkeiten achten • ins Wohntagebuch eintragen • einzelne Einträge im Plenum vorstellen.

ZIEL: Jede, jeder hat sich Notizen über Laute, Rhythmen und/oder einzelne zu sprechende Wörter gemacht.

ALTER: Ab Klasse 6.

DAUER: Etwa 5 Minuten.

EINSTIEG: Sie haben sich in der „Stadt der Verse" (s. o.) ebenfalls ein Gedicht ausgesucht. Sie führen vor, wie Sie selbst sich die Ohren zuhalten und die Wörter Ihres Textes mit dem Mund durchpausen.

Sp 32

4.12 Grundriss und Bilder an der Wand

Für diese Übung brauchen die Schülerinnen und Schüler eine Kopie ihres Gedichtes in großem Schriftgrad und ein geschicktes Händchen. Sie sollen sich einen Bauplan ihres Hauses rekonstruieren und dafür das Gedicht in kleine und sehr kleine Stücke zerschneiden.

Nehmen wir als Beispiel Eduard Mörikes Sechszeiler „Septembermorgen":

Im Nebel ruhet noch die Welt,
Noch träumen Wald und Wiesen.
Bald siehst du, wenn der Schleier fällt,
Den blauen Himmel unverstellt,
Herbstkräftig die gedämpfte Welt
In warmem Golde fließen.

- Wie viele Hauptwörter hat diese Perle eines Naturgedichts? Es sind „Nebel", „Welt", „Wald", „Wiesen", „Schleier", „Himmel" und „Gold". Was für Verben kommen vor: „ruhen", „träumen", „sehen", „fallen" und „fließen". Zwischenfrage: Wie gefällt mir das? Was sind das für Substantive, für Namen: Was fange ich mit „Nebel" an? Kenne ich dieses Wetterphänomen?
- Und die Verben: Kann eine Welt zu fließen anfangen durch eine Art von „Vergoldung"?
- Wie sieht es mit den kleinen Wörtchen aus: „im", „noch", „die" usw. Nicht alle diese unbedeutenden kleinen Partikeln sind so unbedeutend, wie es auf den ersten Blick scheint. Da wäre das Wort „wenn" in „wenn der Schleier fällt". Was, wenn der Schleier bliebe?
- Eine andere Frage: Was für Szenen und wie viele enthält dieses Gedicht? Kann ich sagen, in der ersten Zeile schaue ich auf den Globus, auf den Planeten Erde hinunter? Oder muss meine Fantasie-Kamera dann doch zu schnell hinunterflitzen auf eine Landschaft mit Wald und Wiesen, in Europa, Nordamerika oder wo es sonst so einen Frühherbstmorgen geben könnte? Könnte die Szene auch in Indien spielen?

Indem Ihre Schülerinnen und Schüler die Wörter und Szenerien ihres ausgewählten Textes vereinzeln und abklopfen, dürfte im Sinne meines Beispiels eine Fragebewegung ausgelöst werden, die es erlaubt, zum Analysten und zum Kinoregisseur gleichermaßen zu werden. Um im Bild des gemieteten alten Hauses zu bleiben: Ihre Schülerinnen und Schüler machen sich ein Bild des Bauplans und der Bauabsicht ihrer ausgewählten Immobilie.

- Jeder kann damit anfangen, die unbekannteren Wörter für sich einzuteilen: Die seltsamen kriegen einen Punkt, die nebulosen bekommen zwei, die widerspenstig völlig abstrus vorkommenden drei Punkte.
- Sie können sich auch auf Schönheitssuche begeben: Wo findet sich das schönste Wort in meinem Haus? Die schönen Wörter können in einer Reihe auf den Tisch gelegt werden, etc.
- Die sprachlichen Bilder, die der Dichter schließlich formstark gebündelt und angeordnet hat, können Tom, Vanessa und Nehir auch erfassen, indem sie das vollendete Haus noch einmal in seine Bestandteile zerschneiden. Auf ihrem Tisch können sie sich klar werden: Was gehört zusammen – was ist entgegengestellt? Was ist eine Wiederholung oder Erweiterung? Finde ich etwas heraus oder stellt sich mir eine Frage, der ich nachgehen sollte – auch wenn ich damit ganz alleine stehe? usw.

Die Ergebnisse der Schülerstudien sollten im Wohntagebuch notiert oder in ein Diktiergerät gesprochen und archiviert werden. Auf dem Inspirationsblatt auf S. 69 sehen Sie, wie die Bilder des Hölderlin-Gedichts „Da ich ein Knabe war" in einer Momentaufnahme gescribbbelt werden.

IDEE:	Eine produktive Analyse beginnen und dabei gänzlich eigene Erkenntnisse machen können.
ASPEKTE:	Lesen • erforschen • hinterfragen • sammeln • sortieren • kategorisieren • Kriterien aufstellen • Worte auf ihren Bildinhalt abfragen.
ZIEL:	Allein oder in Tandems die Forschungsergebnisse notiert oder aufgesprochen haben.
SCHRITTE:	Scheren, u. U. Leim bereitstellen • entscheiden, ob allein oder zu zweit gearbeitet wird • Gedichtblätter zerschneiden und die Schnipsel arrangieren • Kategorien bilden etc. • Ergebnisse im Wohntagebuch festhalten • Schlaglicht auf einzelne Einträge in der Klasse werfen.
ALTER:	Ab Klasse 5.
DAUER:	25–30 Minuten.
EINSTIEG:	Sie führen eine solche Untersuchung auf dem Overhead-Projektor, auf dem Whiteboard oder auf der Schiefertafel vor.

4.13 Zimmer abschreiten, vermessen

Sp 33

Nach neuen Meeren
Dorthin will ich! – und ich traue
Mir fortan und meinem Griff.
Offen liegt das Meer. Ins Blaue
Treibt mein Genueser Schiff.

Alles wird mir neu und neuer.
Mittag schläft auf Raum und Zeit.
Nur dein Auge, ungeheuer
Blickt mich's an, Unendlichkeit.

Friedrich Nietzsche

Friedrich Nietzsches Gedicht möchte ich Ihnen zum Spazieren anbieten. Wichtiger als die brave Frage, in welchem Versmaß es abgefasst ist, wird für uns die sinnliche Erkundung und Begründung aller solcher Versmaßfragen: Ich lade Sie ein, dieses feine, fensterhelle Häuschen aus den 1880er-Jahren, mit Garten, Veranda und Weitblick, abzuschreiten. Dass Sie – körperlich und gedanklich – im Haus mit dem Namen „Nach neuen Meeren" alle Flure, Treppenhäuser und Zimmer entlanggehen und auf diese Weise weiter Besitz von Ihrem Haus nehmen.

BENJAMIN: *„Letizia ist mehr so am Inhalt entlang. Wenn ich Letizia wäre, würde ich mehr an den Zeilen entlangehen, also hin und her."*
LETIZIA: *„Ja, ich wollte zunächst gar nicht losgehen, weil der Satz ‚Dorthin will ich!' ja eher danach klingt, dass da noch keine Bewegung beginnt, sondern dass es dazu erst noch kommen soll. Bei ‚und ich traue ...' bin ich dann losgezogen, weil sich zu trauen ja bedeutet, es dann auch zu tun."*
BENJAMIN: *„Ich hab gedacht, dass diese Schritte so hin und her – irgendwie das Gegenteil von dem sind, was das Gedicht sagt. Das Gedicht geht immer mehr in die Weite, aber ich bin für Letizia so gegangen, als ob ich mit 'nem Surfbrett immer vor den Wellen hin und her kreuzen würde."*

Hier befinden wir uns in einem autosuggestiven Feld. Aber keine Sorge: Alles, was Ihre Schüler spekulierend herausbekommen, trägt zum Verständnis des Textes bei. Vorbei sind die Zeiten, als solche Erfahrungen als irrelevant abgetan werden konnten. Wir antworten auf den tastenden Entstehungsprozess eines solchen Gedichtes lediglich mit einer adäquaten suchenden Bewegung. Was wäre wichtiger in diesem Fall: die Reimschemata und das Versmaß wie ein gekeschertes Insekt auf die Nadel des „Wissens" zu spießen oder die Intention dieses Kunstwerks intuitiv zu erforschen? Was ist der Name eines Versmaßes, was ist die gekürzelte Struktur einer Reimstrophe gegen das Erleben dieser Proportionen?

IDEE: Ein Gedicht in Versen durch körperliches Ausschreiten erkunden und verstehen zu suchen.
ASPEKTE: Handeln • (sich) zuhören • Bewegungssinn • Intuition • Atem, Sprechen und Gehen verknüpfen • erforschen.
SCHRITTE: Sich ausgewähltes Gedicht halblaut vorlesen • simultan dazu gehen • die Bilder des Textes mit den Metren und Rhythmen des Textes abschreiten • im Lernduo besprechen und beraten • Ergebnisse im Wohntagebuch festhalten oder als Audiodatei • einzelne Einträge in der Klasse vorstellen.
ZIEL: Jede und jeder ist ihr bzw. sein Gedicht abgegangen und hat sich Notizen gemacht.
ALTER: Ab Klasse 7.
DAUER: Etwa 8 Minuten für ein dreistrophiges Gedicht; je mehr die Schülerinnen finden, desto länger.
EINSTIEG: Sie geben ein Beispiel aus Ihrem Repertoire an Gedichten.

4.14 Die Stimme im Haus erheben

Sp 34

PAVLOS: *„Nicht alles ist proper, koscher etc. in meinem Haus. Heißt: ‚Der Panther' von Rainer Rilke. Jetzt lüfte ich mal, reiß die Fenster auf, prüf die Wände, mach mich bemerkbar – ist da wer? Wer schaut mich da im Spiegel an – ach so, das bin ich selber."*

Pavlos ist als Rapper bereits gut vertraut mit Metaphern, ihrer praktischen Umsetzung etc. Also hat er offen reagiert, als ich ihn beauftragte, Rilkes „Panther" mit verschiedenen Stimmen zu intonieren. Ich gehe aus Erfahrung als Rezitator, Performer und Konzertpoet davon aus, dass jedem echten Verstext, jedem rhapsodischen Gedicht, eine Stimme eignet, die man suchen und finden gehen kann. Für junge Menschen mit Routinen im Sich-Zeigen ist eine Bitte, wie ich sie an Pavlos stellte, keine Zumutung.

PAVLOS: „Okay, dann fange ich jetzt mal ganz sanft an, so:

‚Sein Blick ist vom Vorübergehn der Stäbe
so müd geworden, daß er nichts mehr hält.
Ihm ist, als ob es tausend Stäbe gäbe
und hinter tausend Stäben keine Welt.'

Gut, Leute, jetzt die zweite Strophe mit mehr Energie, damit ich den Tanz besser hinkriege, weil da ist von einem Tanz die Rede:

‚Der weiche Gang geschmeidig starker Schritte
der sich im allerkleinsten Kreise dreht,
ist wie ein Tanz von Kraft um eine Mitte,
in der betäubt ein großer Wille steht.'

Die nächsten beiden Zeilen oder ‚Verse', wie Herr Brunke sagt, die brüll ich. Achtung:

‚Nur manchmal schiebt der Vorhang der Pupille
sich lautlos auf –. Dann geht ein Blick hinein!'

Das wollte ich so, weil es doch einfach nicht sein kann, dass in diesem Pantherleben gar nix mehr los sein soll. Und jetzt, zum Schluss so wie tot, so wie erloschen:

‚geht durch der Glieder angespannte Stille –
und hört im Herzen auf zu sein.'"

Pavlos hat seine Stimme im „Panther"-Haus von Rilke erhoben. Und nicht alle Mitschülerinnen und -schüler werden seinem offensiven Beispiel folgen können. Aber ich meine, dass es auch den In-sich-Gekehrten einer Klasse viel bringt, den Extrovertierteren zuzuhören, um danach für sich selbst überlegen zu können, wie viel Stimme sie bereit sein können, ihrem Gedicht zu leihen.

Diese Erfahrung lässt sich problemlos in Gruppen aufteilen. Nicht jeder Schüler kann so aus sich herausgehen, wie Pavlos das kann. In dem Fall könnte Raquel konkret auf ganz bestimmte Mitschüler in der Klasse zugehen und sie bitten, ihr für die Dauer ihres Gedichts ihre Stimmen zu leihen.

IDEE: Das ausgewählte Gedicht in verschiedenen Gefühlslagen sprechen.

ASPEKTE: Atem • zuhören • Performance • sich ins Verhältnis setzen zu einem überlieferten Inhalt • Transfer schriftlich – mündlich.

SCHRITTE: Zuhör-Cypher einrichten • Kandidaten fragen • Cypher abhalten • Rückmeldungen geben im Plenum • einzelne Meldungen notieren im Wohntagebuch des jeweiligen Sprechers.

ZIEL: Ein halbes Dutzend Beiträge gehört und besprochen haben.

ALTER: Ab Klasse 5.

DAUER: Etwa 20 Minuten.

EINSTIEG: Sie erzählen aus Ihrem eigenen Werdegang als Leserin, Kenner von Gedichten.

4.15 Einweihungsparty

Sp 35

Hier noch eine etwas alberne, aber produktive Variante zu „Die Stimme erheben". Verballhornen wir für die Dauer dieser Übung die Vortragsweise der ausgesuchten Gedichte.

Auch weil Respekt gegenüber oder Hingabe für ein Kunstwerk nicht verordnet werden können, empfiehlt es sich, jetzt einmal bewusst gegen den Strich zu rezitieren. Lassen Sie uns das Falsche tun, mit Lust und Laune! Je falscher die Töne klingen, die wir produzieren, desto klarer kann im Nachhall der schrägen Rezitationen eine Ahnung von dem stimmigen Tonfall aufkommen, und wie dieser Text „eigentlich", wenn man ihn substanziell sprechen wollte, klingen könnte.

Hier habe ich eine unvollständige Liste geschmackloser Arten und Weisen, wie Sie zusammen Spaß mit dem Erbe deutschsprachiger Dichtung haben können. Sie können die Gedichte

- nuscheln.
- mit großem Pathos sprechen lassen.
- säuseln.
- mit langen Pausen verschleppen.
- im Zeitraffer sprechen.
- in Zeitlupe sprechen.
- ohnePunktundKommaherunterreiten.
- leiernd sprechen.
- essen, trinken und dabei deklamieren.
- mittendrin loskichern.
- Nur jedes zweite Wort aussprechen.

IDEE: Die ausgewählten Gedichte „gegen den Strich" sprechen und so das Sprechen überhaupt in Gang bringen, weiterbringen, über die Grenze tragen.

ASPEKTE: Zuhören • Trash • Mut • Performance • sich frei machen • die Erfahrung bedeutsamer Sprechlagen anbahnen.

ZIEL: Die Klasse hat ein halbes Dutzend Vorträge gehört.

SCHRITTE: In Kleingruppen zusammengehen • alberne Vortragsweie überlegen • bestimmen, wer vorträgt • Spielregel: Wer kneift oder seinen Vortrag nicht zu Ende kriegt, muss ein Pfand geben • ins Wohntagebuch eintragen • einzelne Ergebnisse in der Klasse vorstellen.

ALTER: Ab Klasse 6.

DAUER: Etwa 20 Minuten.

EINSTIEG: Sie überraschen Ihre Klasse damit.

4.16 Spuren hinterlassen, Ecken designen

Sp 36

Lassen Sie uns nun auch noch den Gedichttext selbst variieren. Jede, jeder darf in seinem altehrwürdigen Haus eine Tür erneuern – oder auch nur das Schlüsselbrett austauschen, vielleicht einen neuen Schuhabstreifer besorgen. Die Absicht dahinter ist nicht, ziemlich gute literarische Texte zu verunglimpfen, sondern durch materielles Verändern und Einwirken zum Verstehen zu gelangen:

MAGDALENA: *„Im Label ruhet noch die Welt."*

Anlass und Ursprung für diese Übung war die Äußerung eines Zehntklässlers an einem Gymnasium in Fellbach, der sagte:
SCHÜLER: *„Ab einem gewissen Niveau – so ‚Goethe aufwärts' sind eh alle Dichter gleich gut. Goethe, Mörike und die anderen Alten verdienen also nicht mehr Ehre als ein gleich guter Poet von heute."*

Ich wollte und konnte ihm nicht widersprechen. Ich würde sogar so weit gehen und sagen: Selbst wenn eine Schülerin nicht das handwerkliche Können und die literarische Erfahrung mitbrächte, ein Gedicht von Goethe zu verändern – allein, wenn sie eine Idee vorbrächte, die als Konzeptkunst dem Goethe'schen Gedicht auf Augenhöhe begegnete, wäre die Kontaminierung – oder Frischzellenbehandlung – eines altehrwürdigen Gedichtes durch eine 15-Jährige gerechtfertigt.

Und hier ist wieder eine Liste mit Vorschlägen, die Sie dazu verwenden können, um dem tradierten Geschmack seine womöglich übergriffige Bedeutung zu nehmen. Ebenso können diese Vorschläge dazu verhelfen, Unlust unter Ihren Schülern, Schülerinnen zu vertreiben, indem aus dem unterrichtlich verordneten Gedicht ein Spielgegenstand wird, der das eigene Sein, Tun und Lassen aktiviert, statt es zu lähmen oder zu verdrängen.

Das Gedicht Septembermorgen von Eduard Mörike z. B. kann und darf zu künstlerischen Forschungszwecken verfremdet werden, indem wir

- eine möglichst falsche Gedichtinterpretation entwerfen.
- das Gedicht um jeden Preis politisch interpretieren.
- es mit psychologischen Begriffen kontaminieren.
- es vollständig biografisch interpretieren.
- die Haltung eines absichtlich Nicht-verstehen-Wollenden einnehmen; alles hinterfragen: „Warum ruht die Welt, wenn sie in Nebel gehüllt ist?"
- das Gedicht abkanzeln, heruntermachen, um jeden Preis, wider besseres Empfinden.
- es übertrieben loben, verherrlichen in einem flammenden subjektiven Plädoyer.
- seinen Inhalt auf alle Fälle anzweifeln: „Was, wenn der Nebel sich nicht auflöste?" „Was, wenn die neblige Ruhe eine trügerische Ruhe wäre?"
- es ins Englische, Französische, Globalsprachliche, Lautsprachliche, in Kauderwelsch, Gebärdensprache übersetzen.
- es in Rap, Prosa, in einen Sachtext (Kochrezept, Gebrauchsanweisung, Polizeibericht) übersetzen.
- es z. B. mit Mörikes Gedicht „Rat einer Alten" kombinieren, d. h.: verschränken, wortweise, versweise, silbenweise ...
- es in einzelnen Lauten austauschen.
- einzelne Wörter austauschen: „Im Label googelt noch die Welt."
- es in sein inhaltliches Gegenteil verkehren – „Februarabend" – und davon wiederum Varianten erzeugen.
- in leichte Sprache umformulieren.
- es zerschneiden und neu zusammensetzen.

IDEE: Hand an das ausgesuchte Gedicht legen und es dadurch anders in den Griff bekommen.

ASPEKTE: Position beziehen • Denk- und Empfindungsfreiheit steigern • Parodie • Travestie • Kreativität • hinterfragen.

SCHRITTE: Schritte vorstellen • weitere Schritte und Möglichkeiten mit der Klasse erwägen (in Gruppen) • Gruppen „auf Montage" schicken • ins Wohntagebuch eintragen • Ergebnisse in Gruppen vorstellen • interessanteste Beispiele im Plenum / Zimmertheater vorstellen • die schönsten Ergebnisse in die öffentliche Rezitationssause aufnehmen.

ZIEL: Jede Schülerin hat an ihrem eigens ausgesuchten Gedicht eine Veränderung initiiert.

ALTER: Ab Klasse 5.

DAUER: Montagen: von 5 Minuten bis Hausaufgabe über Nacht.

EINSTIEG: Sie geben ein Beispiel.

4.17 Wohntagebuch – das Resümee

Sp 37

PAVLOS als Moderator bei einer Projektpräsentation: *„Wir waren noch immer allein / zu zweit auf Erkundungstour in unseren altehrwürdigen Häusern. Manche von uns haben ein bisschen Porzellan zerdeppert, haben nicht ganz so gut aufgepasst auf den guten Perserteppich, der da im Salonzimmer auf dem Boden lag. Aber dann kam der Punkt, wo wir uns abgearbeitet hatten an unseren Texten. Wo wir Frieden geschlossen haben mit dem alten Plunder. Wo wir gesagt haben: Wir unterschreiben den Mietvertrag. Ja, manche wollen sich sogar einen Kauf überlegen. Aber da sind wir uns nicht so sicher, ob wir den Preis bezahlen könnten. Jedenfalls können wir euch jetzt sagen, warum wir glauben, dass Rilke, Goethe, Heine, Brecht und wie die Champs alle heißen, ihre Gedichte nur für uns geschrieben haben."*

ROSI: *„Ich glaube, dass George das Gedicht ‚Komm in den totgesagten park und schau' nur für mich geschrieben hat, weil darin das Wort ‚astern' vorkommt ...: weil es darin um den Abschied geht und weil die Form dieser Verse es schafft, die Traurigkeit in so eine Schönheit zu verwandeln und alles nur so ruhig dahinfließt."*

LAURIN: *„Ich glaube, dass Hölderlin sein Gedicht ‚Der Neckar' nur für mich geschrieben hat. Weil darin das Wort ‚durchsäuseln' vorkommt, und das ist jetzt mein neues Lieblingswort. Und weil ich am Neckar aufgewachsen bin und weil da so eine Steigerung drin ist wie in einem Rocksong von Queen; und die Gruppe Queen, die mag ich, weil meine Eltern immer Queen gehört haben, als sie noch zusammen waren."*

Bevor Ihre Schülerinnen und Schüler zu solchen Äußerungen kommen können oder wollen, hilft ihnen das Wohntagebuch aus 4.10 dabei, ihre Beobachtungen, Erkenntnisse im Detail usw. festzuhalten. Viel ist erreicht, wenn Ihre Schülerinnen und Schüler mittlerweile gelernt haben, das Wohntagebuch bei sich zu tragen und Einfälle mit wachsender persönlicher Einsicht und Kenntnis zu notieren. Sie müssen individuell entscheiden, wer aus der Klasse hier wie lange durchhält: Manche sind fertig mit ihrer Aneignung, während andere – vielleicht eine Minderheit – noch mit ihrem Text und der gültigsten Reaktion ringen.

IDEE: Über mehrere Wochen hinweg Eintragungen vornehmen, auf Basis von Zuneigung zu einem selbst ausgesuchten Text; dadurch substanzielle Aussagen machen können.

ASPEKTE: Zuhören • Beziehungen knüpfen • intensivieren • vertiefen • Persönlichkeit • entschleunigen • assoziieren

SCHRITTE: Zwischen verschiedenen Arrangements je nach Situation wechseln • Wohntagebuch weiterschreiben • das Vershaus mit eigener

Biografie, Lektüre, Erinnerungen, Gedanken „möblieren“ • Notizen im Lernduo/-quartett vorstellen • ausgewählte Stellungnahmen im Rahmen eines Cyphers vorstellen.

ZIELE: Einzelne Beiträge aus dem Wohntagebuch fließen in die Aufführung am „Tag des offenen Denkmals“ ein.

ALTER: Ab Klasse 5

DAUER: Individuell

EINSTIEG: Sie führen im Vorfeld selbst ein Wohntagebuch über sechs Wochen und bringen es dann mit in den Unterricht.

Sp 38

4.18 Sound- und Mutprobe

Abb. 24: Noch ist die Tür zu …

Wo aber Gefahr ist, wächst
Das Rettende auch.

Friedrich Hölderlin

In der letzten Übung, dem Wohntagebuch, kamen bereits O-Töne des rhapsodischen Rezitierens zu Gehör. Wenn in der Runde der Beitragenden bereits Sätze darüber fallen, weshalb Heinrich Heine die Ballade von Belsazar nur für Gino gedichtet hat –

GINO: *„… weil die Reime eine Stimmung machen wie in einem Abenteuerfilm, nur in Erzählraffer.“*

– dann ist es so weit: Wir schreiten voran und bündeln unsere erworbenen Fähigkeiten, Unverfrorenheiten und Lieblingsideen. Wir werden Sprecherinnen und Sprecher unserer Gedichte, d. h. der von den Dichterinnen und Dichtern aus alter Zeit an uns vermachten Texte.

Das substanzielle Sprechen und Wortemachen erfordert immer einen Sprung von demjenigen, der dies zu tun beabsichtigt. Eben noch wurde geredet, v. a. über dies und jenes oder von diesem und jenem. Aber nun soll mit einem Mal etwas gesagt werden, im Modus des Aussprechens. Und das ist etwas ziemlich anderes. Die meisten Menschen haben Respekt davor, aus gutem Grund – ich auch. Es gibt kaum eine riskantere Tonart als die Dur- oder Moll-Melodie eines genau so und nicht anders gemeinten Versgedichtes.

Auf engstem Terrain, zeitlich – in wenigen Sekunden – wie räumlich – nämlich vor den anderen –, legt ein Mitmensch seine sonstige Rolle als Plaudertasche, bester Freund, Kumpel etc. ab und mutiert zu einem klugen, tief empfindenden und weisen Zeitgenossen, der mit Versen eine Sprache etabliert, die alles andere als gewöhnlich ist. Also gilt es, Schritt für Schritt die Scheu vor dieser Schwelle zu überwinden. Die Schwelle besteht im Übergang von innen nach außen. Drinnen in den zu eigen gemachten und bekannten Räumen der Versvillen und Gartenhäuser aus Worten herrscht mittlerweile Vertrautheit. Am Tag des offenen Denkmals soll jede, jeder laut Mietvertrag etwas zum Besten geben. Die Gabe aber ist sehr spezifisch, flüchtig, ungesichert, kostbar.

Alles Flunkern, aller Spaß, den wir uns mit den auserwählten Gedichten geleistet haben, hat uns an diesen Punkt geführt, an dem die Qualität unseres jetzigen poetischen Sprechens identisch wird mit unserer momentanen Liebe zur Wahrheit selbst. Das mag für Sie sehr pathetisch klingen; und ich habe meine Lektorin bitten müssen, diese Formulierung im Manuskript zu lassen, denn ich könnte es anders nicht präziser formulieren: *Wirkliche Dichtung zeigt, wie das Dasein an und für sich ist.* Zwischen und hinter ihren Versen wartet eine Wahrheit über unsere Existenz. Und wer die hierfür vom Dichter gefundenen Worte in den Mund nimmt, der muss diese Wahrheit in diesem Zuhörmoment verantworten. Weil das von einem jungen Menschen viel verlangt und zugleich so wertvoll ist, habe ich auch humorige Gedichte in die Empfehlungsliste (S. 51–52) aufgenommen.

Abb. 25: … aber wetten, wenn sie aufgeht, kommt Publikum rein!

Was ich hier in dieser Übung vorschlage, ist eine schrittweise Aufstockung der poetischen Sprechdosis für jede Schülerin und jeden Schüler. Dieser Poesie-Cypher startet mit einzelnen Wörtern aus den durchdrungenen Gedichten. Wir kommen im Stuhlkreis zusammen. In der Mitte gähnt die Mutprobe. Ganz leer ist diese Mitte nicht. Dort steht ein Stativ, auf dem wiederum ein Aufnahmegerät vor sich hinblinkt (s. Abb. 9, S. 11). Gleich werden Sie auf den Play-Knopf drücken, dann leuchtet das Lämpchen durchgehend rot – und der Cypher beginnt. Die Sitzenden stehen auf, Ohren spitzen sich. Erste in der Mitte ist

LETIZIA: *„Antlitz …"*

Der Anfang ist gemacht. Dann dauert es etwas, aber schließlich folgt

PHILLIP: *„… Mandelbaum …"*

Noch einmal ein Stocken, dann kommt der Cypher in Gang:

SIMON: *„… Krähe …"*
MIA: *„… sehr oben …"*
GIUSI: *„… Wahn …"*
REYHAN: *„… Jüngling …"*
RENÉ: *„… Quell …"*

Als Nächstes nehmen wir uns einzelne Formulierungen vor:

SAEED: *„Die Welt verstummte …"*
LAURA: *„Das Leben ist rot. Das Leben ist schwer …"*
LUCA: *„So ward es beiden allzu schwer …"*
DENIZ: *„Süßer Friede …"*
NICOLO: *„Und dann und wann ein weißer Elefant …"*
ACELIA: *„Doch tanz ich bis zur Atemnot …"*

Schließlich steigern sich die Mutigen, stellen sich und sprechen ihre halben oder ganzen Gedichte ins Aufnahmegerät. Es wird und wird nicht langweilig – die versammelte Klasse spürt zu viel. Ihre emotionale Verbundenheit mit dem Vorgang lässt vergessen, dass es die Schule ist, die ihnen diese Gelegenheit ermöglicht. Es könnte auch eine Szene aus einem Coming-of-age-Film sein, in der sich eine Gruppe Jugendlicher gegenseitig abverlangt, die Wahrheit zu sagen über dies und das.

Was in diesem Kreis möglich ist, das ließe sich nur noch dadurch erschweren, dass die Menge der Zuhörenden nicht mehr identisch bliebe mit der Anzahl der Vortragenden: Indem wir an die Öffentlichkeit treten …

IDEE: Im Cypher sich gegenseitig ermutigen, impulsiv ein Stück Poesie von sich zu geben.
ASPEKTE: Atem • zuhören • Mut • Gruppendynamik • Wahrhaftigkeit • Ermutigung • Schwellenerfahrung • Initiation.
SCHRITTE: Cypher einrichten • Stativ und Aufnahmegerät aufbauen • Aufnahme einschalten • Sprechcypher mit wachsenden Textmengen abhalten • Aufnahme anhalten • Aufnahme sichern • Aufnahme an die Teilnehmenden verschicken.
ZIEL: Alle haben sich (irgendwann) getraut.
ALTER: Ab Klasse 7.
DAUER: 10–60 Minuten.
EINSTIEG: Sie machen vor, was Sie von der Klasse wollen, indem Sie allein vor dem Aufnahmegerät agieren.

4.19 Tag des offenen Denkmals

Sp 39

Abb. 26: Auch die Turnhalle kann zur Bühne werden.

Gut, dass sich der Cypher hinter verschlossenen Türen (4.18) als Mut-Werkstatt bewährt hat, somit ist der Weg frei für den Tag des offenen Denkmals in Versburg. Auf dem Marktplatz – das ist das Klassenzimmertheater oder die Aula der Schule oder die Cafeteria der kooperierenden Stadtbibliothek – versammeln sich die Zuhörerscharen. Ihre Klasse hat geprobt. Sie selbst haben aus Kapazitätsgründen und weil Sie am meisten Erfahrung mit Literatur haben, die Reihenfolge der Gedichte festgelegt.

Die Häuser sind geschmückt. Will sagen: Aus den Notizen der einzelnen Haustagebücher haben Sie mit Felix, Selin, Valentin, Anna-Maria, Lovlin, Enser und den anderen einleitende Sätze für die jeweiligen Gedichtvorträge destilliert. Jede und jeder hat sich über seinen, ihren Auftritt Gedanken gemacht:

- Was ziehe ich an, sodass ich mich und mein Gryphius-Gedicht gut repräsentiere?
- Was sage ich vorab, damit das Publikum Bescheid weiß? Brauche ich mein Moderationskärtchen nur, um es in der Hand zu wissen? Oder muss ich immer noch draufschauen und davon ablesen (was meinem Auftritt etwas Energie nähme)?
- Was muss ich spoilern, und was verschweige ich, damit ich die Wirkung der Verse nicht schmälere?
- Wohin schaue ich, wenn ich vor das Publikum trete: zur letzten Stuhlreihe oder darüber hinweg?

Abb. 27: Ich spreche, also bin ich.

- Was mache ich mit meinen Füßen? Mit den Armen und Händen?
- Warum kann ich mein Gedicht auswendig, ohne es bewusst gelernt zu haben? Liegt das an der wiederholten Beschäftigung über Wochen hinweg?

Bleibt noch die Frage: „Mikro – ja oder nein?" Ich meine, dass im Fall unseres Rezitationsprogramms ein Mikrofon nur dann sinnvoll wäre, wenn der Umgang mit diesem Instrument zuvor geprobt wurde und wenn die räumlich-akustische Situation keinen anderen Ausweg lässt. Soundästhetisch ist die Verwendung von Mikrofonen bei Poetry Slams üblich, wie in anderen Bühnenformaten der Popkultur.

Wo aber ein Mensch von Herz zu Herzen Versgedichte sprechen will, da sollten die Übungen dieses Bandes dafür gesorgt haben, dass die Münder, Lungen und Stimmbänder Ihrer Schülerinnen und Schüler bereits zu wach wurden, als dass sie mit dem leicht bequemen Argument „man hört es eben besser" hinter ein Mikro gestellt werden müssten.

Was die Ohren und ihre Benutzung anbelangt, so gibt es kein schöneres Erlebnis, als wenn 150 Menschen in einer Schulaula die Ohren spitzen, weil eine Gruppe junger Menschen Gedichte ohne Mikro vorträgt.

Wie auch immer Ihre Vorbereitungen aussehen: Ich wünsche Ihnen und Ihren Schülerinnen und Schülern mächtig viel Freude, Mut und Erfolg bei der vielleicht schönsten Bildungserfahrung, die der Deutschunterricht für ein junges Leben bereithalten kann: einen Gedichtvortrag voller freiwillig substanziell gewordener Sprecherinnen und Sprecher!

IDEE: Die kennen und schätzen gelernten Gedichte alter Dichterinnen und Dichter im Rahmen der Schulöffentlichkeit aufführen und dadurch das gesprochene Wort seiner schönsten und höchsten Bestimmung zuführen.

ASPEKTE: Atem • zuhören • Mut • Gemeinschaft • Bildung • Erlebnis • Reifung.

SCHRITTE: Raum ausfindig machen • Termin vereinbaren • Werbung machen • Reihenfolge der Gedichtvorträge festlegen • Notizen aus den Haustagebüchern für Moderationen auswerten • Proben • Aufnahmegerät vor Ort anbringen und einschalten • aufführen • Aufnahmegerät ausschalten • Aufnahme an die Akteure verschicken.

ZIEL: Jede, jeder in der Klasse traut sich und spricht auf der Bühne.

ALTER: Ab Klasse 5.

DAUER: Einen Abend.

EINSTIEG: Sie kündigen den Aufführungstermin in der Klasse an.

Name ____________ Datum ____________

Häuser besetzen

Sp 27

Bei Traurigkeit	Leicht zu knacken	Kaum zu knacken
Fast kitschig	Süßlich bis klebrig	Harter Tobak
Zum Lachen!	Zum Erwachsenwerden	Bei Ratlosigkeit
____________	Ich weiß auch nicht so recht.	So schön. So eine schöne Sprache!
Zum Dampfablassen!	Zum Auf-Distanz-Gehen	Mit viel Tempo. Tempo!
Dieser Text macht das Leben reich.	Unerhört. Wirklich un-er-hört!	Ganz nett

Name ______________________ Datum ______________________

Sp 28

Stadt Versburg
Amt für Liegenschaften
Mascha-Kaléko-Allee 1-6
LPZ-70174 Versburg

Versburg, den ____. ____. __________

Mietvertrag

§ 1 Vorhaben: Zwischen der Stadt Versburg, persönlich vertreten durch die sachverständige Verwaltungskraft für Mietfragen, Rekultivierung und Stadttourismus ______________________ (Name der Lehrerin, des Lehrers) im Folgenden Vermieterin/Vermieter = V genannt und ______________________ (Name der Schülerin/des Schülers), im Folgenden Hausbesetzerin/Hausbesetzer = H genannt, wird folgender Vertrag geschlossen:

§ 2 Rechtegewährung: Es wird H ausdrücklich erlaubt, im städtischen Gebäude/Haus Nr. ___,
in der/im/am/beim ______________________ (Name der Dichterin/des Dichters),
______________________ (Straße/Platz/Gasse/Gässchen/Allee/Chaussee – z. B. Brentano-Gässchen),
bekannt unter dem Titel „______________________" (z. B. „Abendständchen")
unentgeltlich und zeitlich unbefristet zu hausen. H wird der uneingeschränkte Zugang zu seinem Wohnobjekt (Gedicht) in allen Räumen sowie auf etwaigem angrenzenden Grund und Boden gewährt.
V verpflichtet sich gegenüber H, bei etwaigen Schadensmeldungen, Reparatur- und/oder baulichen Maßnahmen H behilflich zu sein. V ist darüber hinaus H bei sämtlichen Aktivitäten, die zur Rekultivierung des verwaisten Wohnobjekts angesetzt werden, behilflich.

§ 3 Vertragsschluss / Aufnahme des Mietverhältnisses: Im Gegenzug verpflichtet sich H, bis spätestens zum ____. ____. __________ (TT.MM.JJJJ = Tag des offenen Denkmals) das besetzte Haus zu mieten und das Mietverhältnis durch Unterzeichnung dieses Mietvertrags zu bestätigen. Als Mieterin/Mieter verpflichtet sich H dazu, das Wohn- bzw. Mietobjekt öffentlich zugänglich zu machen und zu repräsentieren (= sein Gedicht vorzutragen).

§ 4 Weitere Absprachen: ______________________

____

____

____

Für die Stadt Versburg

____

Versburg, den ____. ____. __________

Hausbesetzer/Hausbesetzerin

____

Versburg, den ____. ____. __________

Name ______________________ Datum ______________________

Sp 31

Akustische Hauserkundung – Deine Meinung zählt!

Ich kann das Gedicht erkunden wie ein fremdes Haus, in das ich eingedrungen bin. Alles, was ich auf meiner Erkundungstour herausfinde, stimmt. Ich kann keine Fehler machen; die Hauptsache ist, dass ich etwas finde. Frühere Sprech- und Erzählübungen helfen mir weiter: Tritt hier und dort ein Laut oder eine Gruppe von Lauten gehäuft auf? Vielleicht habe ich an den jeweiligen Stellen eine Erklärung dafür. Finde ich heraus, in welcher Geschwindigkeit ich welche Strophe etc. sprechen will? Will ich an einer Stelle eine längere Sprechpause einlegen?

Ich bin die Chefin, der Chef und spreche das Gedicht so oft, bis ich etwas finde.
Das könnte so aussehen:

Da ich ein Knabe war

adadigo — Da ich ein Knabe war, — *alles auf „Ā", mit viel Vokal* — *A-Abschnitt*
Die 3 „R's" sind zusammen zu sehen — Rettet' mich ein Gott mich oft. — *schneller* — *R-Abschnitt, roh*
Vom Geschrei und der Rute der Menschen — *[Pause]*
Da spielt' ich sicher und gut — *III – u – u*
wieder 1. Tempo — Mit den Blumen des Hains — *I – U – AI*
U – I – Ü – I — Und die Lüftchen des Himmels — *Alles geht ins „I" hinein, immer*
Spielten mit mir. — *I – I – I* — *heller wird alles*

mp — Und wie du das Herz
Der Pflanzen erfreust, — *F + W auf der Lippe …*
Wenn sie entgegen dir — *… das geht über in die langen Vokale Ē – Ī – Ā – Ā,*
Die zarten Arme strecken, — *und mündet in str e ck o n* — *kurz!* — *KONTRAST*

mf — So hast du mein Herz erfreut — *Ein „Fünfer": H – H – F – F – H*
plötzlich — Vater Helios! Und, wie Endymion, — *EI – I – I*
crescendo — War ich dein Liebling, — *L – L – L* — *E – I – U – A*
Heilige Luna! — *≤ ◡ ◡ ≤ ◡*

forte — O all ihr treuen — *O – A – I – EU*
Großes Gefühl — Freundlichen Götter! — *EU – I – J – Ö – J*
Dass ihr wüsstet, — *A – I – Ü*
Wie euch meine Seele geliebt! — *I – EU – EI – E – E – I*

Erinnerung + Gedanke — Zwar damals rief ich noch nicht — *ganz anders: viel nüchterner, fast trotzig*
Euch mit Namen, auch ihr
Nanntet mich nie, wie die Menschen sich nennen — *Name als Gewalttat … Name nicht als Schöpfungsakt, sondern als Zwang und Einengung!*
Als kennten sie sich. — *Warum ist es schade, wenn ein Ding seinen Namen bekommt?*
Doch kannt' ich euch besser
Als ich je die Menschen gekannt,
paradox: — ich verstand die Stille des Äthers — *Antithese, existenziell* — *Den Gedankenstrich hörbar machen.*
Der Mensch Worte verstand ich nie.

Mich erzog der Wohllaut — *Dieselben „I"!! Wie in „Hain" …*
Des säuselnden Hains
Und lieben lernt' ich
Unter den Blumen. — *≤ ◡ ◡ ≤ ◡*

Im Arme der Götter wuchs ich groß. — *Eigene Zeile: schluss mit aller Majestät*

Name ______________________ Datum ______________________

Grundriss und Bilder an der Wand – Deine Meinung zählt!

Sp 32

Ich vergleiche die Struktur meines Gedichts mit einem Haus. Vielleicht entdecke ich, dass jede Strophe wie ein neues Zimmer auf mich wirkt. Oder dass ich immer wieder in dasselbe Zimmer zurückkehre, während ich das Gedicht erkunde. Ich entdecke die Substantive: Weckt eines ein Bild in meiner Fantasie? Gefällt es mir? Was ist mit den Verben: Lassen sie mich durch die Räume eilen – oder geht es eher ruhig zu? Entdecke ich einen Stimmungs- oder Tempowechsel beim Lesen? Welche Wörter und Sätze oder Verse gehören für mich zusammen – inhaltlich und bildhaft? Kann ich „mein" Gedicht in Szenen untergliedern? Wo sind die schönen Wörter? Was will ich noch herausfinden? Ich kann mir Notizen machen, zeichnen, den Text zerschneiden.

Hier nur ein Beispiel – vielleicht sieht dein Grundriss auch ganz anders aus.

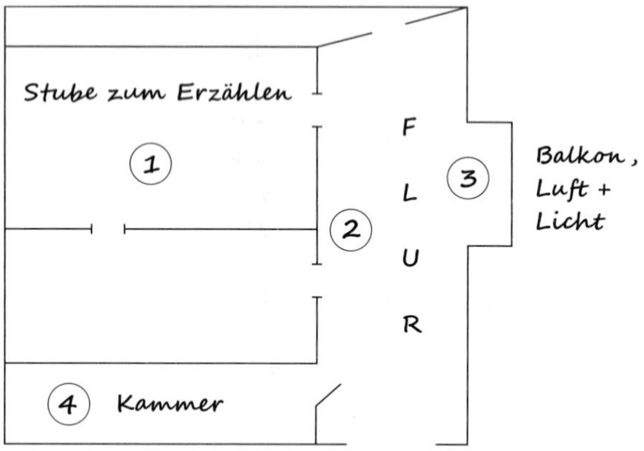

Da ich ein Knabe war

Da ich ein Knabe war,
Rettet' ein Gott mich oft
(1) Vom Geschrei und der Rute der Menschen,
Da spielt ich sicher und gut
Mit den Blumen des Hains,
Und die Lüftchen des Himmels
Spielten mit mir.

Und wie du das Herz
Der Pflanzen erfreust,
Wenn sie entgegen dir
Die zarten Arme strecken,

(2)

So hast du mein Herz erfreut
Vater Helios! und, wie Endymion,
War ich dein Liebling,
Heilige Luna!

O all ihr treuen
Freundlichen Götter!
Dass ihr wüsstet,
wie euch meine Seele geliebt!

(3)

Zwar damals rief ich noch nicht
Euch mit Namen, auch ihr
Nanntet mich nie, wie die Menschen sich nennen
Als kennten sie sich.

Doch kannt ich euch besser,
(4) Als ich je die Menschen gekannt,
Ich verstand die Stille des Äthers
Der Menschen Worte verstand ich nie.

Mich erzog der Wohllaut
Des säuselnden Hains
(1) Und lieben lernt ich
Unter den Blumen.

---

(1) Im Arme der Götter wuchs ich groß.

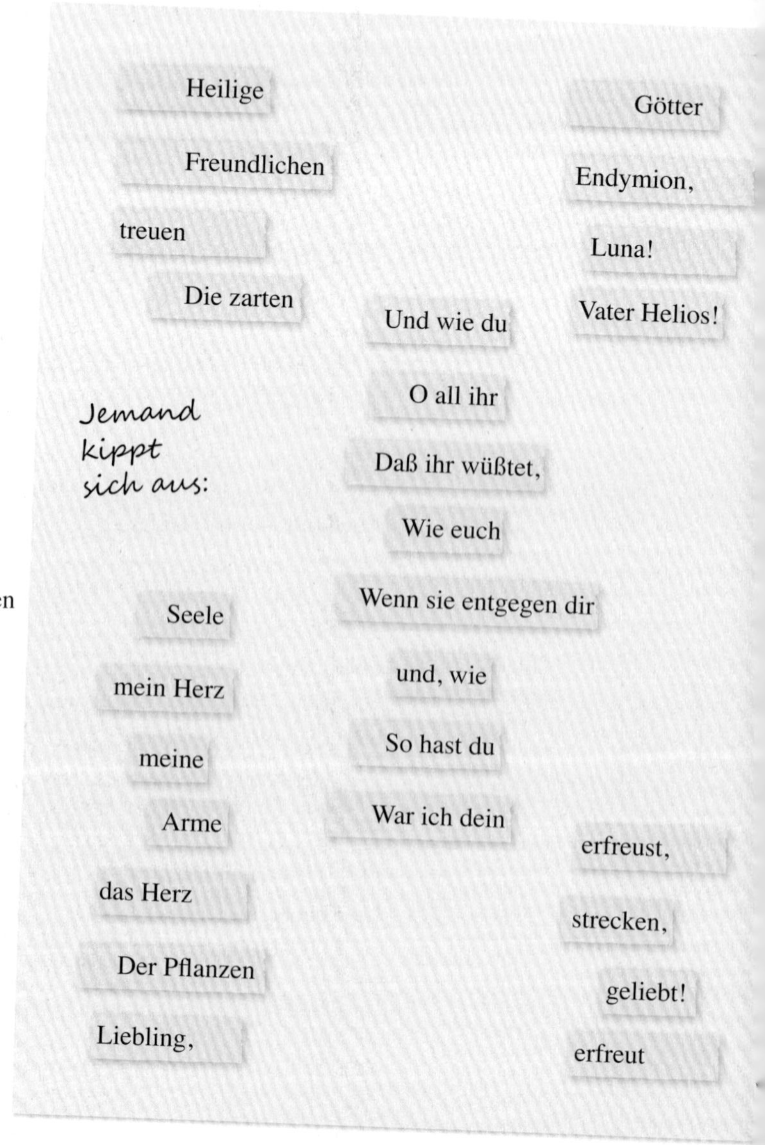

Name ______________________ Datum ______________________

Das Wohntagebuch

Was findest du heraus in deinem Gedicht? Ins Wohntagebuch kannst du alle Beobachtungen, Gedanken und Erkenntnisse hineinschreiben. Je öfter du es benutzt – schön wäre z. B. zwei Mal pro Woche – desto besser!

Das kann so aussehen – oder auch ganz anders! Viel Spaß!

Da ich ein Knabe war (Friedrich Hölderlin)

STROPHE 1

14.11.18

* „rettet", „Geschrei" und „Rute" machen zusammen die Stimmung von Gemeinheit. Auch wenn „rettet" das Gegenteil sagt, trägt das „R" von „rettet" mit zu der Stimmung bei. 3 x „r"! Diese zwei Zeilen mit mehr Geschwindigkeit, die erste davor und die danach (1. Strophe) viel langsamer.
* „Da ich ein Knabe war": Die drei „A" machen alles voller Klang. Das ist wie wieder im Babybett liegen.

Fr., 15.11.18

* Je länger die erste Strophe geht, desto mehr „l" kommen darin vor.
* So was dazwischen, das sind die „ch" + „f" von „ich", „Lüftchen", „mich", „oft", „sicher".
* Je „sicherer", desto mehr „m" kommen vor.

19.11.18 (Freilichtmuseum Beuren)

* Grundriss schwäb. Bauernhaus = „Da ich ein Knabe war".
* Jede Strophe ist ein Zimmer. Die erste ist die Stube. Die Bilder an der Wand in der ersten Stube: Kleinkind, Foto im Rahmen, Knabe im „Kindalter", rotstichiges Foto von Papa aus dem Jahr 1969 oder so. Er hat lange Locken und hat was von einem Prinzen.

22.11.18

* Ein Bild, auf dem ein Knirps mit gebückter Haltung seine Schildmütze in seinen Händen zusammenknüllt. Er steht im Flur, auf der Schwelle vom Raum und fürchtet sich vor einem „Großen" im Bild vorne.

* Wie spielt man mit Blumen? Macht der Knabe sich einen Strauß oder einen Kranz? Oder köpft er Blumen mit dem Stock?
* Bild „Der Hain" wie dieses Wäldchen über der Ruine Richtung Dettingen

13. 02. 19

* Tu mich schwer, das Gedicht zu verar... . Das hat es nicht verdient. Höchstens zu <u>Strophe:</u> „Der Menschen Worte verstand ich nie." Etwas wie „behindert".

„Friedrich!"

„HÄ?"

„Friedrichle"
„Gibt Essen!"
„Hä?"

14.04.19

Hölderlin hat das nur für mich geschrieben, weil ich auch eben überhaupt nicht weiß, was es für einen Nutzen haben soll, erwachsen zu werden wie die anderen. Und vernünftig – „Hä?" Mama mit ihrem Gedöns, ihren Erwartungen – alles das : = „Der Menschen Worte".

15.04.19

* Die letzte Zeile braucht eine eigene Kammer, ein Zimmer mit lauter Spiegeln, aber von oben schaut der Sternenhimmel immer herunter. Und in jeder Ecke ne Kamera, die filmt mich in unterschiedlichen Kostümen.

27. 05.19

Herr Brunke kann nicht von mir verlangen, dass ich von mir als „KNABE" spreche. Ich habe da soo viel Zeit und Herzblut reingegeben – ich sage ~~„Mädchen", „Kleinkind", „Kindlein"~~

Nicht genau genug zu nüchtern zu Jesuslike

10.06.19

Gern würde ich diesem zurückschauenden Hölderlin ein echtes Gegengedicht schreiben: <u>„Werd' erwachsen"</u>. Ich zerbrösle den Text und lasse am Anfang meines „Anti-Knaben" alle poetischen Wörter sich häufen – dass am Ende nur noch die nüchternen Wörter wie „da", „dass", „kommt" übrig bleiben – wie ein Haufen Steine, wie die Welt der Fakten halt. Ist irgendwie fies, aber ich brauch das gerade.

Name ______________________ Datum ______________________

Wohntagebuch „Weil ich ein Knabe bin“ – eine rhapsodische Auseinandersetzung

Abishaj beschließt nach intensiver Auseinandersetzung mit Hölderlins „Da ich ein Knabe war“, das Gedicht zu zerschneiden und sich selbst mit der Adaption „Weil ich kein Knabe bin“ ins Zentrum ihrer rhapsodischen Darbietung zu setzen.

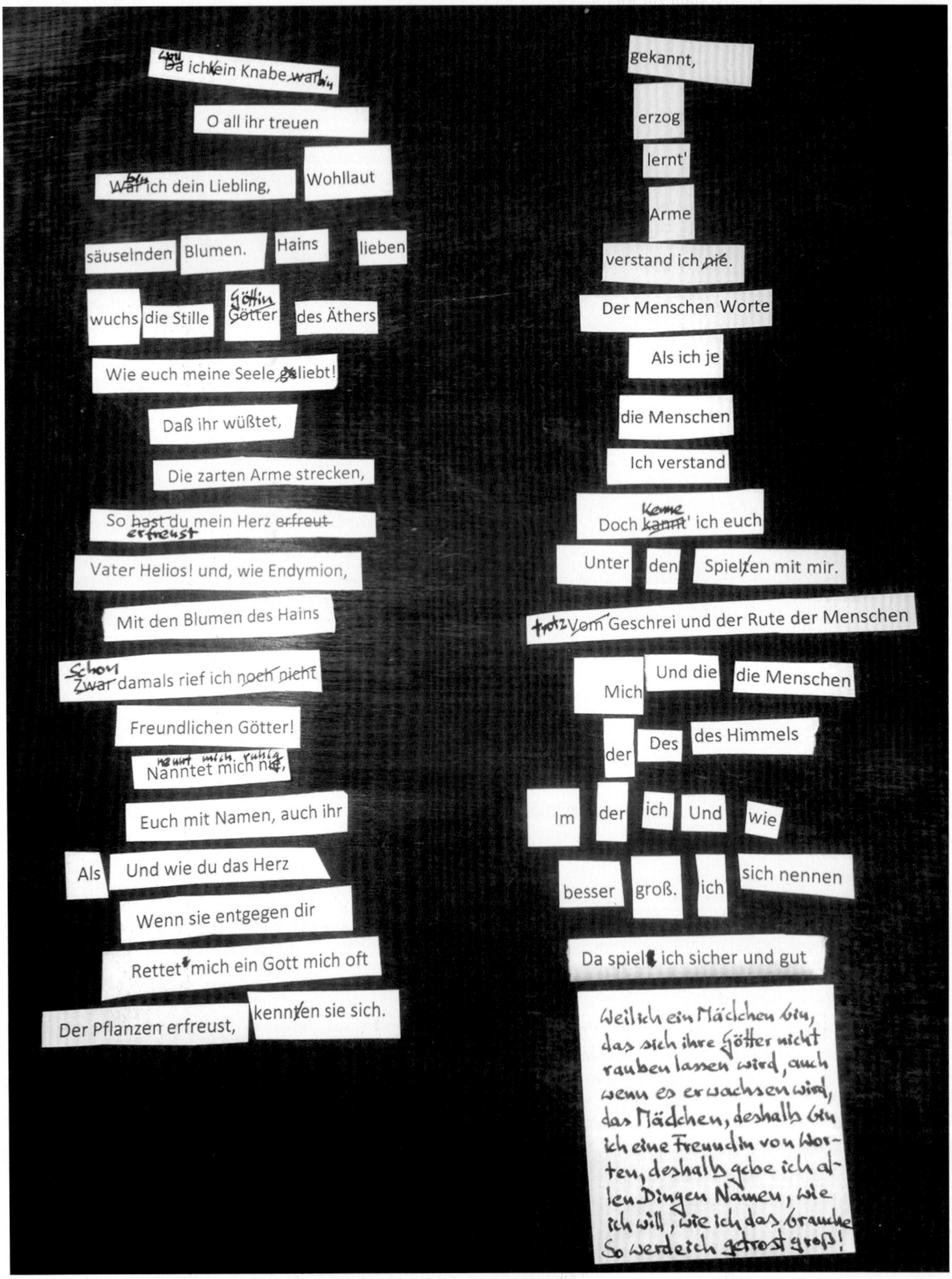

Literaturverzeichnis

Ball, Hugo 2016: Gedichte. Göttingen.

Benjamin, Walter 1977: Das Kunstwerk im Zeitalter seiner technischen Reproduzierbarkeit. Frankfurt.

Benn, Gottfried 1998: Sämtliche Gedichte. Stuttgart.

Booth, Tony u. Ainscow, Mel 2019: Index für Inklusion. Ein Leitfaden für Schulentwicklung. Weinheim und Basel.

Brecht, Bertolt 1993: Die Gedichte in einem Band. Frankfurt.

Brunke, Timo 2016: Wort und Spiel im Unterricht. Vom Sprachspiel über Poetry Slam zur Rhapsodie. Seelze.

Brunke, Timo 2017: 10 Minuten Dings und andere Ideen zum Leben und Schreiben. Leipzig.

Burow, Olaf-Axel u. Gallenkamp, Charlotte (Hrsg.) 2017: Bildung 2030. Sieben Trends, die die Schule revolutionieren. Weinheim und Basel.

Conrady, Karl Otto 1985: Das große deutsche Gedichtbuch. Königstein/Taunus.

Dornseiff, Franz 2004: Der deutsche Wortschatz nach Sachgruppen. Berlin.

George, Stefan 2003: Die Gedichte. Stuttgart.

Goethe, Johann Wolfgang 1992: Die Gedichte in zeitlicher Folge. Frankfurt.

Heine, Heinrich 1993: Die Gedichte. Frankfurt und Leipzig.

Hesse, Hermann, 1995: Die Gedichte. Frankfurt.

Hölderlin, Friedrich 1999: Sämtliche Gedichte und Hyperion. Frankfurt und Leipzig.

Huizinga, Johan 2001: Homo ludens. Vom Ursprung der Kultur im Spiel. Hamburg.

Leitner, Anton G. (Hrsg.) 2003: Feuer, Wasser, Luft und Erde. Die Poesie der Elemente. Stuttgart.

Mann, Thomas 2008: Buddenbrooks. Verfall einer Familie. Frankfurt am Main.

Morgenstern, Christian 2003: Gedichte in einem Band. Frankfurt und Leipzig.

Mörike, Eduard, 2001: Gedichte in einem Band. Frankfurt und Leipzig.

Oliver, José F. A. 2013: Lyrisches Schreiben im Unterricht. Seelze.

Pinthus, Kurt (Hrsg.) 2019: Menschheitsdämmerung, mit einem Nachwort von Florian Illies. Hamburg.

Precht, Richard David 2013: Anna, die Schule und der liebe Gott. München.

Rasfeld, Margret u. Breidenbach, Stefan 2014: Schulen im Aufbruch. München.

Rilke, Rainer Maria 1993: Die Gedichte. Frankfurt.

Schiller, Friedrich: Sämtliche Gedichte und Balladen. Frankfurt und Leipzig.

Schwitters, Kurt 1998: Die literarischen Werke. Lyrik. Köln.

Seitz, Rudolf 2001: Phantasie & Kreativität. Ein Spiel-, Nachdenk- und Anregungsbuch. München.

Smith, Keri 2011: Wie man sich die Welt erlebt. München.

Steputat, Willy 1997: Reimlexikon. Stuttgart.

Thoor, Jesse 2013: Das Werk. Göttingen.

Verheyen, Nina 2018: Die Erfindung der Leistung. Berlin.

von Düffel, John 2019: Klassenbuch. Köln.

von Eichendorff, Joseph 2001: Die Gedichte. Frankfurt und Leipzig.

Zumbach, Frank T. (Hrsg.) 2008: Das Balladenbuch. Düsseldorf.

Internetseiten

www.lyrikbibliothek.xlbs.de
www.mumag.de
www.projekt.gutenberg.de
www.timobrunke.de

Bildnachweis

S. 9, 10, 11, 18, 50, 55, 62 rechts: Timo Brunke
S. 5, 12, 14, 15, 16, 19, 34, 35, 36, 37, 42, 54, 57, 62 links, 63, 64, 70: Yves Noir
S. 41, 44: Hendrik Kranenberg

Die Corona-Pandemie hinderte den Autor daran, Fotos mit Schülerinnen und Schülern zu produzieren. Er dankt den Lehrerinnen und Lehrern im Kurs „Wort und Spiel" am LpZ Stuttgart für ihre freudige Mitwirkung am Bildmaterial für diesen Band.

Downloadmaterial

Kapitel 2

Material 1: „Hähähä ...!"
Material 2: Viel Wort, viel leer
Material 3: Fein raus
Material 4: Erinnerungsfreibad
Material 5: Freispruch durch Genauigkeit
Material 6: Lug & Trug
Material 7: Momente zerstören

Kapitel 3

Material 8: Den eigenen Mund wachküssen: Lauterkundung
Material 9: Den eigenen Mund wachküssen: Konsonanten bilden
Material 10: Den eigenen Mund wachküssen: Die Mundhöhle geht auf
Material 11: Dimensionieren
Material 12: Erinnerungspartitur
Material 13: Wir trippeln, wir trippeln
Material 14: Nie werde ich den Satz vergessen!

Kapitel 4

Material 15: Häuser besetzen
Material 16: Mietvertrag
Material 17: Akustische Hauserkundung
Material 18: Grundriss und Bilder an der Wand
Material 19: Das Wohntagebuch
Material 20: Wohntagebuch „Weil ich ein Knabe bin"

Unter **www.friedrich-verlag.de** finden Sie Materialien zum Buch als Download.
Bitte geben Sie den achtstelligen Download-Code in das Suchfeld ein.

DOWNLOAD-CODE: **d31456pw**

Hinweis:

Das Download-Material enthält die Materialseiten aus dem vorliegenden Praxisband. Sie unterstützen Sie bei der Vorbereitung und Durchführung Ihres Unterrichts.

Haben Sie Fragen zum Download? Dann wenden Sie sich bitte an den Leserservice der Friedrich Verlags GmbH. Schreiben Sie uns oder rufen Sie uns an!

Sie erreichen unseren Leserservice
Montag bis Donnerstag von 8 – 18 Uhr
Freitag von 8 – 14 Uhr
Tel.: 05 11/4 00 04-150
Fax: 05 11/4 00 04-170
E-Mail: *leserservice@friedrich-verlag.de*

Wir freuen uns über Ihre Rückmeldungen und helfen Ihnen gerne weiter!